朝日小学生新聞の
ドクがく!
学習読みものシリーズ

読めばわかる！
日本地《ち》理《り》

監修／竹林和彦（早稲田実業学校教諭）
編著／朝日小学生新聞

はじめに

あなたは「日本」という国《くに》のことを知《し》っていますか？「自分《じぶん》が住《す》んでいる国《くに》のことなんだから、知《し》っているに決《き》まってるでしょ！」という人《ひと》もいるかもしれませんね。

けれど、想像《そうぞう》してみてください。「今《いま》、日本で人気《にんき》のアーティストはだれ？」「みんなが遊《あそ》びに行《い》く観光《かんこう》スポットはどこ？」という質問《しつもん》には、答《こた》えられるかもしれません。

でも、「日本という国《くに》は、どんな地形《ちけい》をしているの？」「おいしいお米《こめ》が食《た》べたいのだけれど、おすすめの米《こめ》どころを教《おし》えてくれない？」などと聞《き》かれたら、どうでしょう。ちょっと答《こた》えに困《こま》ってしまうのではないでしょうか。

今《いま》、小学校《しょうがっこう》に通《かよ》っているみなさんは、これから日本だけでなく、外国《がいこく》で勉強《べんきょう》をしたり、仕事《しごと》をしたりする機会《きかい》が増《ふ》えていくことでしょう。外国人《がいこくじん》の友《とも》だちもできるかもしれません。そんなとき、もしも日本についてあれこれ質問《しつもん》されて、まったく答《こた》えることができなかったら……？　ちょっとはずかしいし、相手《あいて》をがっかりさせてしまうかもしれませんよね。

この本《ほん》を読《よ》んだみなさんが「日本地理《ちり》」「社会《しゃかい》」に興味《きょうみ》をもつのはもちろん、日本そのものを「もっと知《し》りたい！」と思《おも》ってもらえたら、とてもうれしいです。

目次《もくじ》

日本に住《す》む人《ひと》のくらしを知《し》ろう！～ものづくり編《へん》～

日本の見《み》どころ教《おし》えてください！

ちりことくにおの取材メモ

登場人物《とうじょうじんぶつ》紹介《しょうかい》

宇宙《うちゅう》からきた 記者《きしゃ》コンビ！

くにお

ちりこといっしょにやってきた男《おとこ》の子《こ》。同《おな》じく出版社《しゅっぱんしゃ》で働《はたら》く。よくちりこに怒《おこ》られる。

ちりこ

シャカーイ星《せい》からやってきた女《おんな》の子《こ》。宇宙出版社《うちゅうしゅっぱんしゃ》で働《はたら》く。気《き》が強《つよ》い。

日本を知《し》りつくした 地理博士《ちりはかせ》！

ミケ

少年《しょうねん》のような見《み》た目《め》だが、正体《しょうたい》はねこまた。人間《にんげん》に飼《か》われていたため、日本人《じん》にくわしい。

ワラシ

見《み》た目《め》は女《おんな》の子《こ》だが、正体《しょうたい》は座敷童《ざしきわらし》。長《なが》い間《あいだ》、日本の人々《ひとびと》を見《み》つめてきた。

ストーリー

日本のどこかにある、山《やま》の奥深《おくふか》く。ワラシとミケは、なかまの妖怪《ようかい》たちといっしょに、長《なが》い長《なが》い間《あいだ》、人間《にんげん》のことを見守《みまも》ってきました。

そんなある日《ひ》、静《しず》かなくらしを送《おく》っていた彼《かれ》らのもとに、1台《だい》のロケットが飛《と》びこんできました。びっくりする彼《かれ》らの目《め》の前《まえ》に降《お》り立《た》ったのは、「シャカーイ星《せい》」という、地球《ちきゅう》から遠《とお》く離《はな》れた星《ほし》からやってきた、宇宙人《うちゅうじん》だったのです……。

あの星が地球よ
まちがいないわ！
ガチャ
ゴオォォ
ゴゴゴゴー
地球
ドオー
わぁー
スタ
ぐしゃ
無事到着
たすかった…

ポーイ
ぼくたち
こういう者です！
ポイッ
くにお
ちりこ
シャカーイ星
宇宙出版社
ガイドブック
編集部？
ええ！
私たちシャカーイ星
という星から
地球のガイドブックを
作るために
やってきました
ペこり
コドモだ
こそ
まだ
子どもだな
こそ
ムッ！
何よ！
あんたたちだって
子どもでしょ！
こそ
シャカーイ星では
子どもでも
仕事ができるんだ

ぼくたちは出版社でいろんな星のガイドブックを作ってたんだけど
うれのこり…
これがなかなか売れなくて……
えらい人
今度売れない本を作ったらクビだー！
えっー!!!
つまりダメ編集部員なんだ
ぐさ
ぐさ
ププッ
今度こそいいガイドブックを作らなくちゃ！
そんなわけで地球に来たんだけど……ここどこ？
ここは日本だよ
地球にある小さな国の一つだ
??

ガッカリ
小さな国なんだ……
はぁ
小さいのがなんだ！
その分文化や産業がぎっしりつまっている国なんだぞ！
ニャー
二人は日本にくわしいの？
わしはワラシ
ぼくはミケ
昔からずーっと日本を見てきたからね
案内してあげよう
はじまるよ！

こうして、シャカーイ星人《せいじん》・ちりことくにおは、「日本ガイドブック」を作《つく》るために、ぐうぜん出会《であ》ったワラシとミケから、日本にまつわるありとあらゆる情報《じょうほう》を教《おし》えてもらうことになりました。

みなさんも、二人《ふたり》の取材《しゅざい》をこっそりのぞいてみましょう！　これまで知《し》っているようでよく知《し》らなかった「日本」についての知識《ちしき》を、得《え》ることができるかもしれませんよ。

日本マスターに
なっちゃおう！

日本の基本情報《きほんじょうほう》を知《し》ろう！

まずは日本という国《くに》が
地球《ちきゅう》のどのあたりにあるのか
どんな特《とく》ちょうがあるのか
教《おし》えてちょうだい！

【1】日本は地球上《ちきゅうじょう》のどの位置《いち》にある国《くに》なの？

地球《ちきゅう》の北半球《きたはんきゅう》にある国《くに》だ

南極《なんきょく》と北極《ほっきょく》の、ちょうど真《ま》ん中《なか》に引《ひ》く線《せん》を**赤道**《せきどう》というのだが、赤《せき》道《どう》より北《きた》は**北半球**《きたはんきゅう》、南《みなみ》は**南半球**《みなみはんきゅう》と呼《よ》ばれておる。ためしに、ボールの真《ま》ん中《なか》にぐるっと一周線《しゅうせん》を引《ひ》いてみて、線《せん》が横一直線《よこいっちょくせん》になるように持《も》ってみるといいだろう。ボールが地球《ちきゅう》だとしたら、上半分《うえはんぶん》が北《きた》半球《はんきゅう》、下半分《したはんぶん》が南半球《みなみはんきゅう》だ。

日本は上半分《うえはんぶん》、つまり北半球《きたはんきゅう》にある小《ちい》さな島国《しまぐに》だ。**太平洋**《たいへいよう》という海《うみ》に囲《かこ》まれ、西《にし》には**ユーラシア大陸**《たいりく》という大《おお》きな大陸《たいりく》がある。ユー

ラシア大陸《たいりく》のはしにある中国《ちゅうごく》※1や韓国《かんこく》※2、北朝鮮《きたちょうせん》※3がおとなりさんだな。一番遠《いちばんとお》い国《くに》は、日本の真裏《まうら》にあるブラジルやアルゼンチン。日本からは、飛行機《ひこうき》でも1日《にち》ほどかかる。

ちなみに、国《くに》の位置《いち》を表《あらわ》す住所《じゅうしょ》のようなものに緯度《いど》、経度《けいど》というものがあるが、それを使《つか》うと日本がある場所《ばしょ》は北緯約《ほくいやく》20〜46度《ど》、東経約《とうけいやく》123〜154度《ど》となる。覚《おぼ》えておくと「すごい！」と言《い》われるかもしれぬのう。

大きな海や大陸に囲まれてるんだね

島国ならではの特ちょうを調査するわよ！

※1 正式名称は「中華人民共和国」 ※2 正式名称は「大韓民国」
※3 正式名称は「朝鮮民主主義人民共和国」

【2】日本の陸地《りくち》にはどんな特《とく》ちょうがあるの？

実《じつ》は、陸地《りくち》の4分《ぶん》の3が山《やま》なんだ！

日本って、山《やま》が多《おお》い国《くに》なんだ。なんと、陸地《りくち》の**約《やく》4分《ぶん》の3が山《やま》**なんだよ！　一番大《いちばんおお》きな**本州《ほんしゅう》**という陸地《りくち》の真《ま》ん中《なか》には、**日本アルプス**っていう、3000m以上《いじょう》の山《やま》が並《なら》んでいる場所《ばしょ》があるんだ。海《うみ》だけじゃなく山《やま》も楽《たの》しめるなんて、おトクな国《くに》だよね。

高《たか》い山《やま》には人《ひと》が住《す》みにくいから、多《おお》くの人《ひと》が残《のこ》りの「平地《へいち》」と呼《よ》ばれる平《たい》らな土地《とち》にくらしているよ。川《かわ》の流《なが》れによって運《はこ》ばれた土《つち》や砂《すな》でできた、海《うみ》に面《めん》している平地《へいち》を**平野《へいや》**、山《やま》に囲《かこ》まれて、そこだけくぼんで見《み》える平地《へいち》を**盆地**《ぼんち》、まわりの土《と》地《ち》より少《すこ》し高《たか》くなっている平地《へいち》を**台地**《だいち》とそれぞれ呼《よ》んでいるんだ。

低《ひく》いところにある土地《とち》では、川《かわ》の水《みず》を使《つか》って田《た》んぼを作《つく》り、お米《こめ》を育《そだ》てているところが多《おお》いみたい。逆《ぎゃく》に高《たか》いところにある土地《とち》では水《みず》をたくさん使《つか》えないから、畑《はたけ》で野菜《やさい》を育《そだ》てたり、森《もり》や林《はやし》で林業《りんぎょう》をおこなうことが多《おお》いみたいだよ。

山に行こうか
海に行こうか
迷っちゃうね

日本では
お米を食べる人が
多いのかしら？

二人はいつもどこに遊びにいくの？
ぶーん
いや特に…
どこにも…
この家から出られない…

【3】日本の特《とく》ちょう、自慢《じまん》を教《おし》えて！

「四季《しき》」があるのはすばらしいな

日本には春《はる》、夏《なつ》、秋《あき》、冬《ふゆ》と四つの季節《きせつ》があるぞ。春《はる》は暖《あたた》かく、夏《なつ》は暑《あつ》い。秋《あき》はすずしく、冬《ふゆ》は寒《さむ》い。それぞれの季節《きせつ》の特《とく》ちょうが、こんなにくっきり分《わ》かれている国《くに》は珍《めずら》しいのだそうだ。

日本の四季《しき》がはっきりしているのは**季節風《きせつふう》（モンスーン）**のおかげ。季節風《きせつふう》とはその名《な》のとおり、季節《きせつ》によってふく方向《ほうこう》が変《か》わる風《かぜ》だ。日本では、夏《なつ》には太平洋《たいへいよう》からユーラシア大陸《たいりく》のほうへ、冬《ふゆ》にはユーラシア大陸《たいりく》から太平洋《たいへいよう》のほうへと、ほぼ真逆《まぎゃく》の方向《ほうこう》に風《かぜ》がふく

冬
夏
真逆の方向に風がふくよ！

んだ。夏《なつ》の季節風《きせつふう》は気温《きおん》が高《たか》い場所《ばしょ》で生《う》まれるから、日本の気温《きおん》も上《あ》がる。反対《はんたい》に気温《きおん》が低《ひく》い場所《ばしょ》で生《う》まれる冬《ふゆ》の季節風《きせつふう》は、日本中《じゅう》を冷《ひ》やす。雨《あめ》や雪《ゆき》が降《ふ》るのも季節風《きせつふう》の影響《えいきょう》だな。

夏《なつ》でもすずしい地域《ちいき》や、冬《ふゆ》でも暖《あたた》かい地域《ちいき》もあるが、それでも日本の四季《しき》は自《し》然《ぜん》がもたらす恵《めぐ》みだと思《おも》うな。

季節風ってすごいんだね

それぞれの季節の特ちょうが知りたいわ！

【4】四季《しき》についてくわしく知《し》りたい！①

春《はる》と夏《なつ》の間《あいだ》に「梅雨《つゆ》」があるよ！

春《はる》は、花《はな》がさいたり、冬眠《とうみん》していた動物《どうぶつ》が起《お》き出《だ》したりする季節《きせつ》だよ！　冬《ふゆ》の冷《つめ》たい季節風《きせつふう》がやんで、気温《きおん》が上《あ》がっていくんだ。南《みなみ》から北《きた》、低《ひく》い土地《とち》から高《たか》い土地《とち》に向《む》かって暖《あたた》かくなっていくよ。

春《はる》から夏《なつ》になる頃《ころ》、６月《がつ》から７月《がつ》の間《あいだ》くらいには、**梅雨《つゆ》**という雨《あめ》の多《おお》い時期《じき》があるんだ。これはちょうど日本の上空《じょうくう》で、冷《つめ》たい空気《くうき》と暖《あたた》かい空気《くうき》がぶつかり合《あ》うから。このとき生《う》まれる**梅雨前線《ばいうぜんせん》**が、たくさんの雨《あめ》を降《ふ》らせるんだって。

夏 南東の風がふく

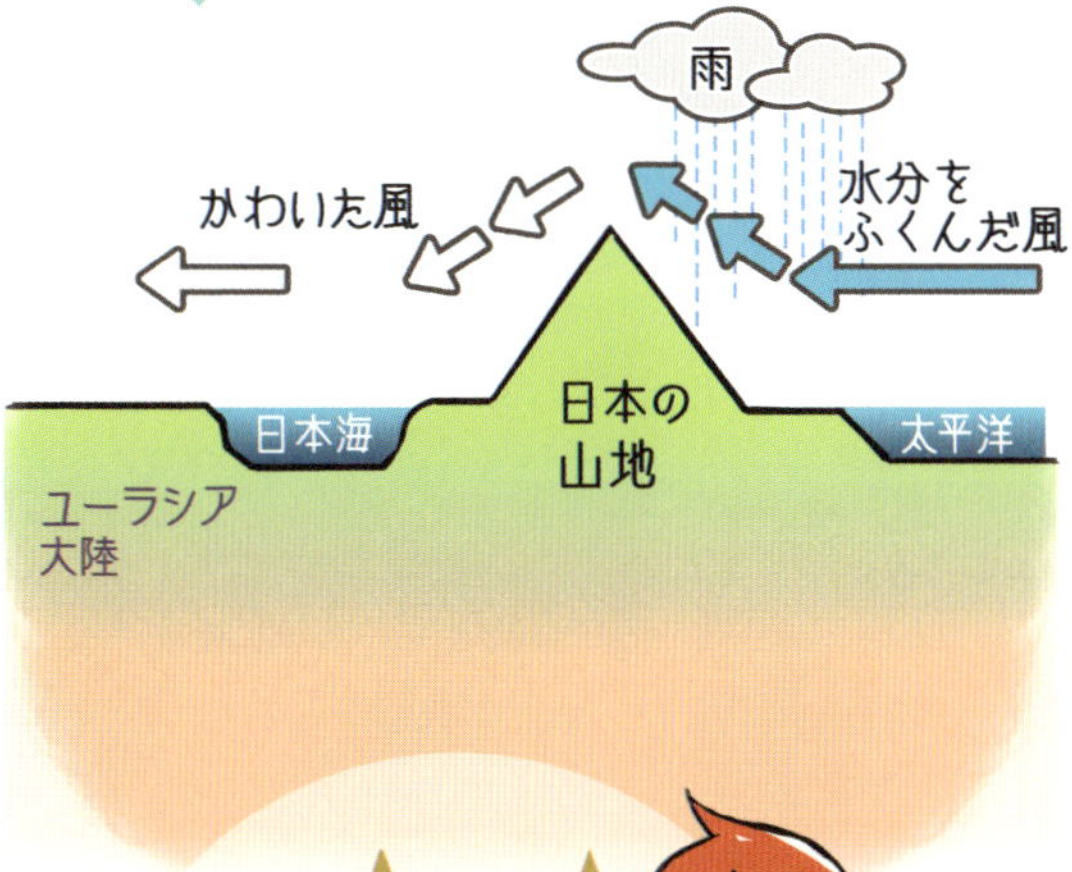

夏《なつ》は日本中《じゅう》が暑《あつ》くなるけれど、雨《あめ》の降《ふ》る地域《ちいき》と、晴《は》れる地域《ちいき》に分《わ》かれるよ。**夏《なつ》の季節《きせつ》風《ふう》は、海《うみ》（太平洋《たいへいよう》）から蒸発《じょうはつ》した水分《すいぶん》をたっぷり吸収《きゅうしゅう》して、太平洋側《たいへいようがわ》で雨《あめ》を降《ふ》らせるんだ。**雨《あめ》を降《ふ》らせた風《かぜ》はかわいているから、日本海《かい》側《がわ》はカラッとした天気《てんき》が続《つづ》くんだね。夏《なつ》は暑《あつ》いから、海《うみ》やすずしい高地《こうち》に旅行《りょこう》する人《ひと》も多《おお》いよ。

【5】四季《しき》についてくわしく知《し》りたい！②

台風《たいふう》と大雪《おおゆき》には要注意《ようちゅうい》だ

夏《なつ》から秋《あき》にかけて気《き》をつけたいのは**台風《たいふう》**だ。日本に近《ちか》づいたり、上《じょう》陸《りく》したりすると、強《つよ》い風《かぜ》や雨《あめ》で大《おお》きな被害《ひがい》が出《で》ることもある。

秋《あき》になると、暖《あたた》かい風《かぜ》がやんで、冷《つめ》たい風《かぜ》がふくようになり、気《き》温《おん》がだんだんと下《さ》がってくるな。春《はる》とは逆《ぎゃく》に、北《きた》から南《みなみ》、高《たか》い土地《とち》から低《ひく》い土地《とち》に向《む》かって変化《へんか》が訪《おとず》れる。暑《あつ》い夏《なつ》に比《くら》べれば過《す》ごしやすいし、春《はる》に植《う》えた植物《しょくぶつ》は、この時期《じき》に収穫《しゅうかく》できるものも多《おお》い。「実《みの》りの季節《きせつ》」と呼《よ》ばれることもあるようだ。

冬《ふゆ》には、**夏《なつ》とは逆《ぎゃく》にユーラシア大陸側《たいりくがわ》から季節風《きせつふう》がふいてくる。**この風《かぜ》が日本海《かい》から水分《すいぶん》を吸収《きゅうしゅう》するため、日本海側《かいがわ》の地域《ちいき》は雨《あめ》が多《おお》くなる。夏《なつ》とは異《こと》なる冷《つめ》たい季節風《きせつふう》だから、雨《あめ》が雪《ゆき》になることも珍《めずら》しくない。大雪《おおゆき》が積《つ》もり、雪《ゆき》をどけるのが大変《たいへん》な地域《ちいき》も多《おお》いのだ。

冬 北西の風がふく

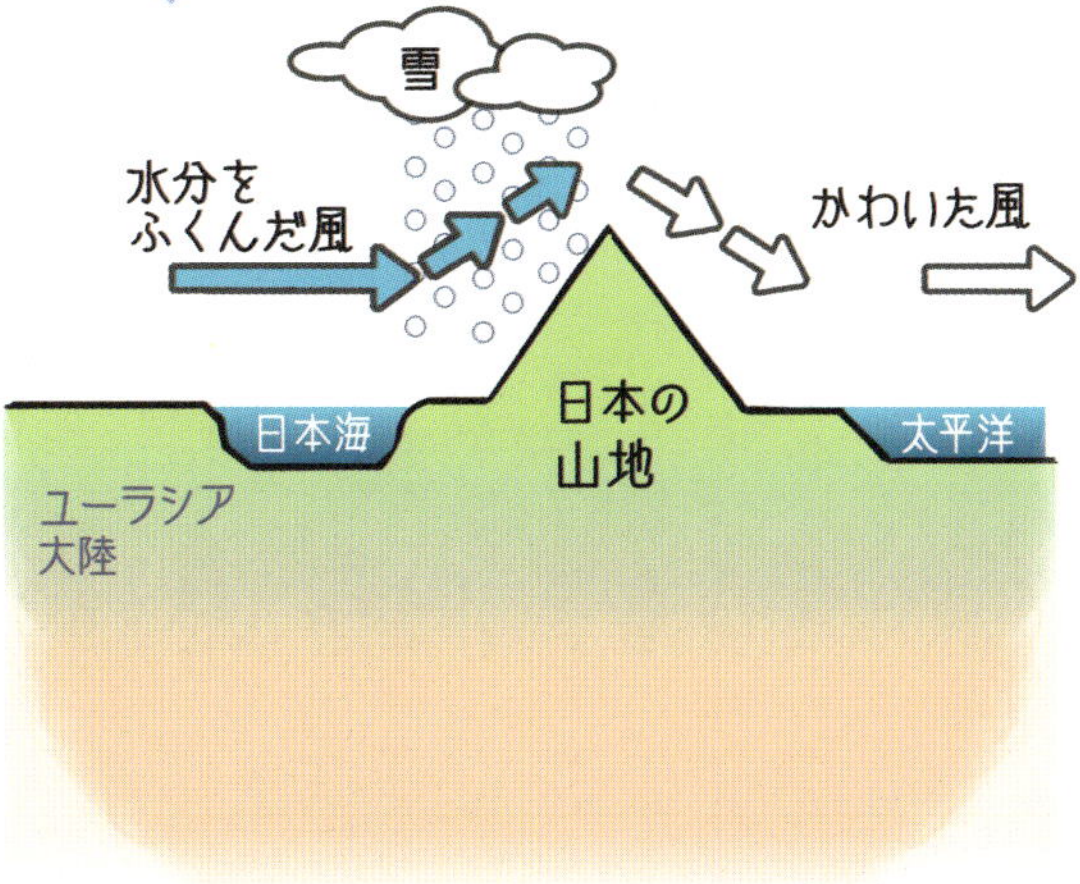

ちりことくにおの
取材《しゅざい》メモ 1

悪《わる》いものをはらう！季節《きせつ》の節目《ふしめ》「五節句《ごせっく》」って何《なん》だろう？

五節句《ごせっく》とは？

季節《きせつ》の節目《ふしめ》に「健康《けんこう》」「家族《かぞく》の発展《はってん》」「豊作《ほうさく》」を祈《いの》りながら、季節《きせつ》の草花《くさばな》をかざったり、旬《しゅん》の食《た》べ物《もの》を食《た》べたりする行事《ぎょうじ》のこと。奈良時代《ならじだい》に中国《ちゅうごく》からやってきた風習《ふうしゅう》で、江戸時代《えどじだい》に代表的《だいひょうてき》な5つの節目《ふしめ》を、「五節句《ごせっく》」と決《き》めたんだって。今《いま》はお祝《いわ》いやイベントとして楽《たの》しまれることが多《おお》いんだ。

五節句《ごせっく》カレンダー

1/7	人日《じんじつ》の節句《せっく》
3/3	上巳《じょうし》の節句《せっく》
5/5	端午《たんご》の節句《せっく》
7/7	七夕《しちせき》の節句《せっく》
9/9	重陽《ちょうよう》の節句《せっく》

あれ？　月《つき》と日《ひ》が同《おな》じ数字《すうじ》の日《ひ》が多《おお》いね。

昔《むかし》、奇数《きすう》は縁起《えんぎ》が良《よ》い数《かず》とされていた。しかし、月《つき》と日《ひ》で同《おな》じ奇数《きすう》が重《かさ》なる日《ひ》は奇数《きすう》が奇数《きすう》の力《ちから》をひっくり返《かえ》して縁起《えんぎ》が悪《わる》い日《ひ》になると考《かんが》えられていたのだ。だから、神様《かみさま》に祈《いの》って、悪《わる》いものをはらってもらおうとしたんだな。

1/1は？

1/1は元日《がんじつ》で特別《とくべつ》な日《ひ》だからかわりに1/7を節句《せっく》にしたんだ。

1/7 人日《じんじつ》の節句《せっく》（七草《ななくさ》の節句《せっく》）

「春《はる》の七草《ななくさ》」（セリ、ナズナ、ゴギョウ、ハコベラ、ホトケノザ、スズナ（カブ）、スズシロ（大根《だいこん》））を入《い》れた七草《ななくさ》がゆを食《た》べ、健康《けんこう》を祈《いの》る日《ひ》です。

中国《ちゅうごく》では1年《ねん》の運勢《うんせい》を占《うらな》う日《ひ》でもありました。

3/3 上巳《じょうし》の節句《せっく》（桃《もも》の節句《せっく》）

別名《べつめい》はひな祭《まつ》り。女《おんな》の子《こ》の幸《しあわ》せを祈《いの》り、厄《やく》よけの意味《いみ》をこめて、ひな人形《にんぎょう》をかざります。

桃《もも》の花《はな》をそなえたり、ひしもち、白酒《しろざけ》、ハマグリ、エビやレンコンを入《い》れたちらし寿司《ずし》などを縁起物《えんぎもの》として食《た》べることも。

5/5 端午《たんご》の節句《せっく》（こどもの日《ひ》）

男《おとこ》の子《こ》の成長《せいちょう》を祈《いの》る日《ひ》。かつては、縁起《えんぎ》が悪《わる》い月《つき》だと考《かんが》えられていた5月《がつ》を無事《ぶじ》に過《す》ごすために、ちまきや菖蒲《しょうぶ》をひたしたお酒《さけ》で厄《やく》よけをする日《ひ》でした。

兜《かぶと》やこいのぼりをかざり、菖蒲《しょうぶ》湯《ゆ》に入《はい》ります。

7/7 七夕《しちせき》の節句《せっく》（七夕《たなばた》）

習字《しゅうじ》や裁縫《さいほう》の上達《じょうたつ》を祈《いの》る紙《かみ》を竹《たけ》ざおにつるす中国《ちゅうごく》の行事《ぎょうじ》が、現在《げんざい》の短冊《たんざく》を笹《ささ》につるす風習《ふうしゅう》へと変化《へんか》しました。そうめんを食《た》べると厄《やく》よけになるとされます。

織姫《おりひめ》と彦星《ひこぼし》の物語《ものがたり》は、中国《ちゅうごく》と日本の伝説《でんせつ》が合体《がったい》したもの。

9/9 重陽《ちょうよう》の節句《せっく》（菊《きく》の節句《せっく》）

菊《きく》の花《はな》をかざったり、お酒《さけ》に菊《きく》の香《かお》りを移《うつ》した菊酒《きくざけ》を飲《の》んだりして、長生《ながい》きできるよう祈《いの》る行事《ぎょうじ》です。農民《のうみん》たちは「栗《くり》の節句《せっく》」と呼《よ》び収穫《しゅうかく》を祝《いわ》っていたそう。

昔《むかし》は盛大《せいだい》な行事《ぎょうじ》でしたが、今《いま》はあまり有名《ゆうめい》ではありません。

四季《しき》が
ハッキリしている
日本ならではの行事《ぎょうじ》ね

【6】日本はいくつの地域《ちいき》に分《わ》かれているの？

8つの地方《ちほう》、47の都道府県《とどうふけん》があるよ！

分《わ》け方《かた》によって、地域《ちいき》の数《かず》は変《か》わってくるよ。たとえば接《せっ》している海《うみ》の名前《なまえ》から太平洋側《たいへいようがわ》、日本海側《かいがわ》と二《ふた》つに分《わ》けたり、東《ひがし》日本、中《ちゅう》央《おう》日本、西《にし》日本と東西《とうざい》に3つに分《わ》けたり……。

一番《いちばん》よく使《つか》うのは、北《きた》から順番《じゅんばん》に**北海道《ほっかいどう》**、**東北《とうほく》**、**関《かん》**

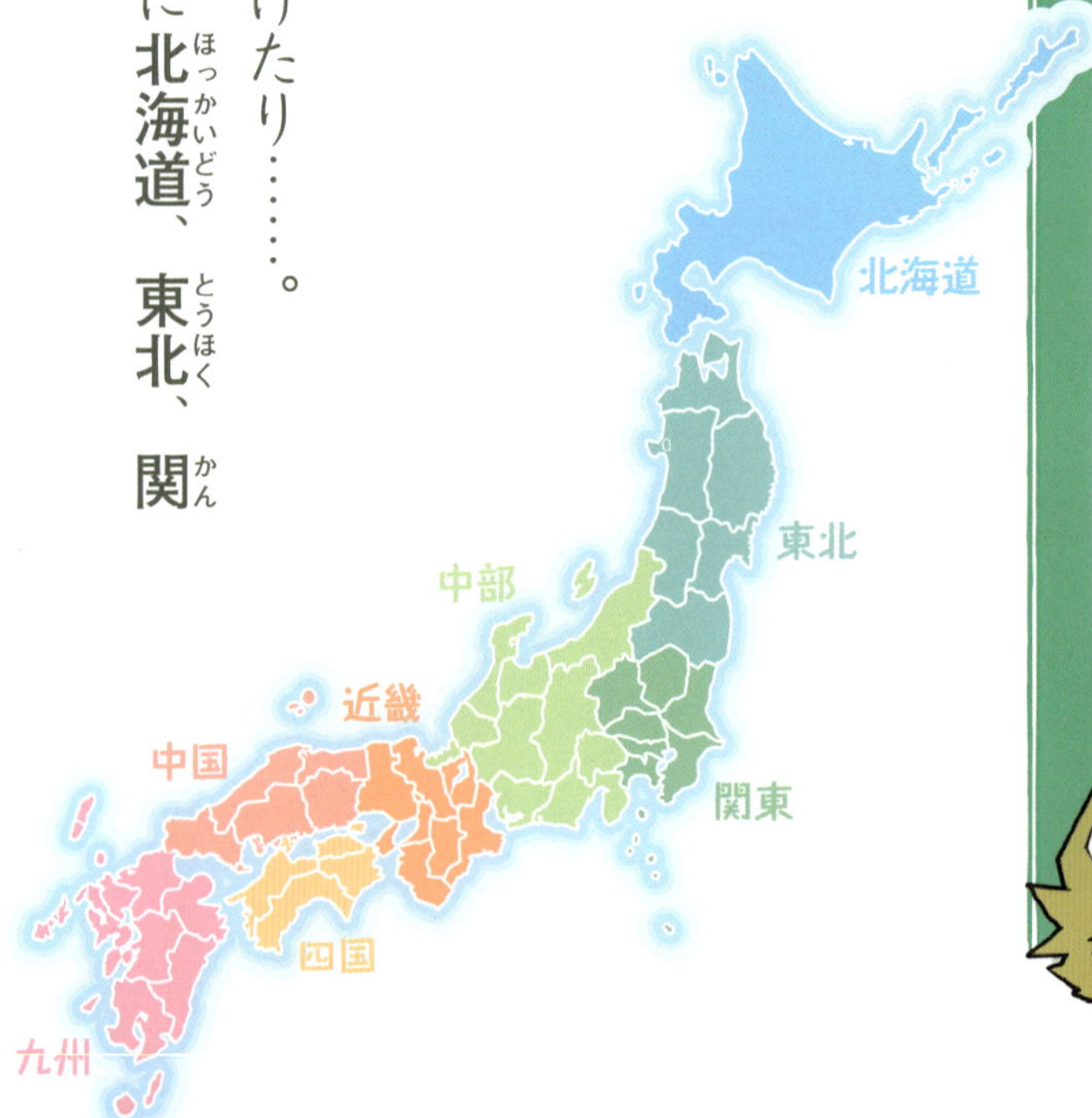
北海道
東北
中部
近畿
中国
関東
四国
九州

東《とう》、中部《ちゅうぶ》、近畿《きんき》、中国《ちゅうごく》、四国《しこく》、九州《きゅうしゅう》といった8つの地《ち》方《ほう》に分《わ》ける方法《ほうほう》と、その8つをさらに細《こま》かい都道府県《とどうふけん》と呼《よ》ばれる47の区画《くかく》に分《わ》ける方法《ほうほう》かな（くわしくはP101から）。

同《おな》じ日本でも、寒《さむ》い地方《ちほう》、暖《あたた》かい地方《ちほう》、雪《ゆき》が多《おお》い地方《ちほう》……というふうに、それぞれ特《とく》ちょうがあるんだ。みんな、その特《とく》ちょうを上手《じょうず》に利用《りよう》しながら、生活《せいかつ》しているんだよ。

47！ぜひくわしく調べたいわ

全部覚えられるかなぁ…

シャカーイ星にはいくつの地域があるの？
きっぱり！
宇宙秘密です！
うさんくさい星だな…

【7】どこからどこまでが「日本」なの？

土地《とち》だけでなく、空《そら》も海《うみ》も日本だよ

4つの大《おお》きな島《しま》と、そのまわりにあるたくさんの小《ちい》さな島《しま》が、日本の土地《とち》だよ！　地図《ちず》を見《み》ると、南北《なんぼく》に長《なが》い（約《やく》３３００㎞！）三《み》日月形《かづきがた》なのがわかるでしょ。

でもね、土地《とち》だけが「日本」だと思《おも》ったら大《おお》まちがい。この土地《とち》から、12海里《かいり》（だいたい22㎞くらい）先《さき》までの海《うみ》も日本なんだ。

それから忘《わす》れちゃいけないのが、土地《とち》と海《うみ》の上《うえ》……そう、空《そら》だね！　空《そら》も日本なんだよ。

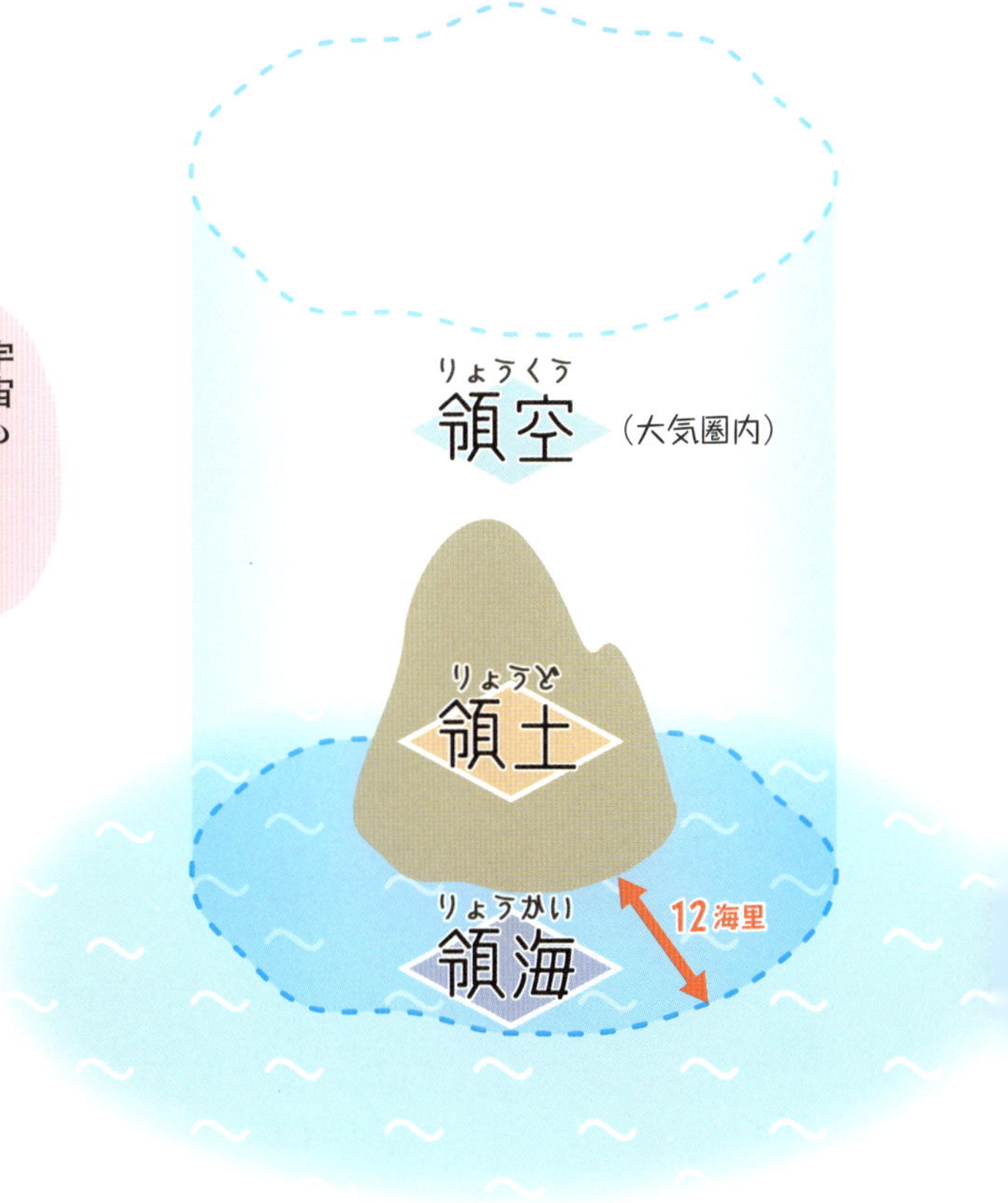
領空《りょうくう》
（大気圏内）
領土《りょうど》
12海里
領海《りょうかい》

宇宙も領域に入るの？
それはだいぶ未来の話だな

日本の土地《とち》、海《うみ》、空《そら》のことを、それぞれ**領土**《りょうど》、**領海**《りょうかい》、**領空**《りょうくう》と呼《よ》んでいるよ。３つを合《あ》わせて**領域**《りょういき》と呼《よ》ぶんだ。

海や空も
国の範囲に入るのね
知らなかったわ！

あれ？　ワラシが
うかない顔をしているね
何か困っていることでも
あるのかな？

【8】「領土問題《りょうどもんだい》」について教《おし》えて！

現在《げんざい》、話《はな》し合《あ》いの最中《さいちゅう》だ

「この土地《とち》は自分《じぶん》の国《くに》のものだ！」と宣言《せんげん》して、国際的《こくさいてき》に認《みと》めてもらうことを**領有権《りょうゆうけん》**というぞ。日本は現在《げんざい》、韓国《かんこく》、ロシアと領有権《りょうゆうけん》の話《はな》し合《あ》いをしている。つまり、日本ともう一《ひと》つの国《くに》が、同《おな》じ土地《とち》に対《たい》して、「これは自分《じぶん》の国《くに》の土地《とち》だ！」と主張《しゅちょう》している状態《じょうたい》だな。これを**領土問題《りょうどもんだい》**と呼《よ》ぶのだ。

韓国《かんこく》とは島根県《しまねけん》の**竹島《たけしま》**について、ロシアとは**北方領土《ほっぽうりょうど》**と呼《よ》ばれる**択捉島《えとろふとう》**、**国後島《くなしりとう》**、**色丹島《しこたんとう》**、**歯舞群島《はぼまいぐんとう》**について、それぞれ領有権《りょうゆうけん》を争《あらそ》っ

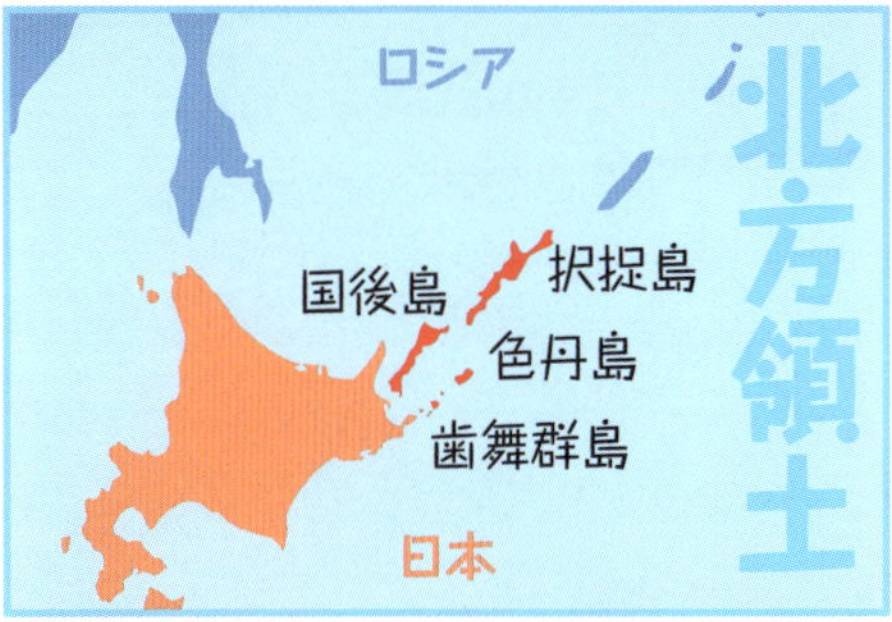
ロシア
北方領土
択捉島
国後島
色丹島
歯舞群島
日本

竹島
韓国
竹島
日本
島根県

話し合いは過去の歴史などをもとにおこなわれている
位置だけで決まる問題じゃないのね

ている。

これらの島々《しまじま》のまわりには、多《おお》くの魚《さかな》や、石油《せきゆ》、天然《てんねん》ガスなどの資源《しげん》がある。それぞれの国《くに》が、領有権《りょうゆうけん》を主張《しゅちょう》する理由《りゆう》の一《ひと》つと考《かんが》えていいだろう。

話《はな》し合《あ》いはなかなか進《すす》まないようだが、なんとか平和的《へいわてき》に解決《かいけつ》できるといいのう。

資源は大切だけどもめごとはいやだなぁ

ご近所の国だからこそ早く解決できるといいわね

注：領土をめぐる問題としてはほかにも、中国が尖閣諸島の領有権を主張しています。

防災対策はバッチリよ！
宇宙の災害対策!!
完全ガード！
一石二鳥の宇宙服なんだ

【9】日本で起《お》こる災害《さいがい》について教《おし》えて！

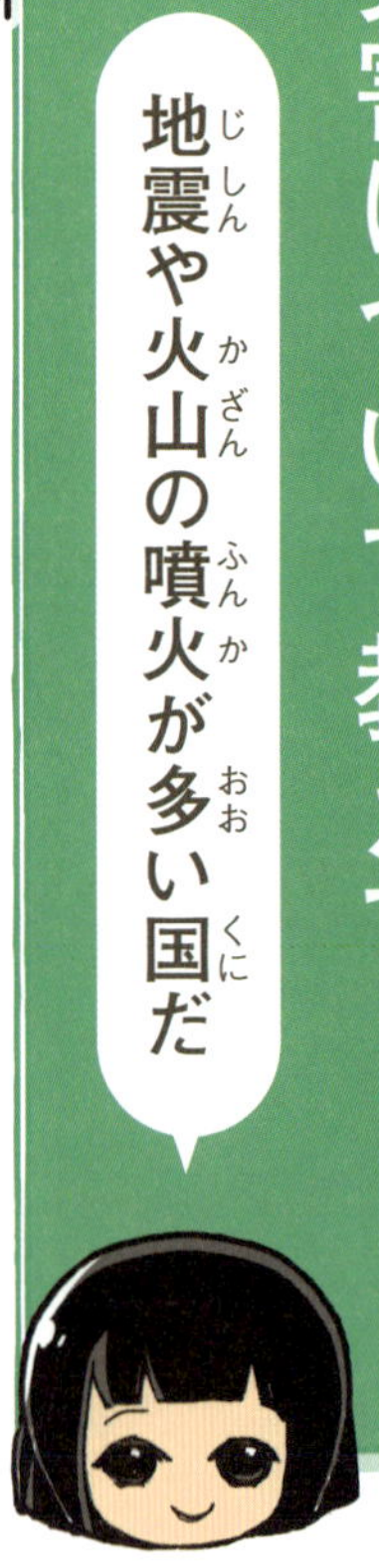
地震《じしん》や火山《かざん》の噴火《ふんか》が多《おお》い国《くに》だ

日本の陸地《りくち》の4分《ぶん》の3が山《やま》だということは、先《さき》ほど教《おし》えたな（P16をチェックしてね）。この中《なか》には、**火山**《かざん》も多《おお》くふくまれている。火山《かざん》が噴火《ふんか》すると、いっしょにふき出《だ》される**火山灰**《かざんばい》の影響《えいきょう》で、畑《はたけ》の作物《さくもつ》が育《そだ》たなくなったり、人間《にんげん》の体調《たいちょう》が悪《わる》くなったりする。溶岩《ようがん》（液状《えきじょう》になった岩《いわ》やマグマ）に巻《ま》きこまれた人《ひと》が死《し》んでしまうこともあるのだ。

また、日本は地震《じしん》が多《おお》い国《くに》でもある。これは、地球《ちきゅう》をおおう岩盤《がんばん》（プレート）が、日本の陸地《りくち》の近《ちか》くでぶつかったり、力《ちから》を加《くわ》え合《あ》ったりしているため。大《おお》きな地震《じしん》が起《お》こると、電気《でんき》やガス、水道《すいどう》が止《と》まり、ふつうの生活《せいかつ》を送《おく》ることが難《むずか》しくなってしまう。海《うみ》の近《ちか》くの地《ち》域《いき》だと、津波《つなみ》が起《お》こり、街全体《まちぜんたい》が流《なが》されてしまうおそれもある。

ほかにも、四季《しき》の変化《へんか》によって引《ひ》き起《お》こされる台風《たいふう》や大雨《おおあめ》、大雪《おおゆき》など……備《そな》えておきたいものはたくさんあるな。

災害への準備をすることが大切ね

災害によって起こることを調べておくと良さそう

備《そな》えあればうれいなし！
「もしも」のためにしておくこと

大災害《だいさいがい》のときには、電気《でんき》やガス、水道《すいどう》が止《と》まってしまうらしいわ。もしものときのために、みんなはどんな対策《たいさく》をしているのかしら？

いざというとき何《なに》があると便利《べんり》か、どう行動《こうどう》すればいいのか、自分《じぶん》の頭《あたま》で考《かんが》えることが大切《たいせつ》だ。ここでは、今《いま》すぐ準備《じゅんび》できることを紹介《しょうかい》しよう。

その1 非常用袋《ひじょうようぶくろ》を用意《ようい》する

こんなものを準備《じゅんび》！

手回《てまわ》しライト

電池《でんち》がなくなったときのため、手回《てまわ》しで発電《はつでん》できるライトがあれば安心《あんしん》！

1週間分《しゅうかんぶん》の食料《しょくりょう》

水《みず》はもちろん、温《あたた》かくできる食《た》べ物《もの》があるといいでしょう。

着《き》がえ

洗《せん》たくすることも難《むずか》しくなるので、あらかじめ着《き》がえの準備《じゅんび》を。

ラジオ

電池《でんち》で動《うご》くラジオなら、電気《でんき》が止《と》まっても使《つか》えます。

貴重品《きちょうひん》

お金《かね》や保険証《ほけんしょう》のコピーを用意《ようい》しておけば、急《きゅう》な病気《びょうき》でも困《こま》りません。

ホイッスル

声《こえ》が出《で》なくても、ホイッスルがあれば助《たす》けを求《もと》められます。

いざというときに必要《ひつよう》なものを、一《ひと》つにまとめておけば、「あれはどこにあるの？」なんてあわてることもなくなるね！

注：家族構成《かぞくこうせい》によって、必要《ひつよう》なものがちがうので、家族《かぞく》みんなで話《はな》し合《あ》ってみてね。

その2 家族《かぞく》で決《き》まりごとを作《つく》っておく

役割分担《やくわりぶんたん》をする

火《ひ》の始末《しまつ》をする人《ひと》、非常袋《ひじょうぶくろ》を持《も》ち出《だ》す人《ひと》など、家族《かぞく》一人《ひとり》ひとりが何《なに》をするか、決《き》めておくとあわてません。

緊急連絡方法《きんきゅうれんらくほうほう》を決《き》める

電話《でんわ》がつながりにくいときでも、電話会社《でんわがいしゃ》の災害《さいがい》ダイヤルや、インターネットなら連絡《れんらく》がとれます。どれを使《つか》うか決《き》めておきましょう。

避難場所《ひなんばしょ》、集合場所《しゅうごうばしょ》の確認《かくにん》

「避難《ひなん》するときは、○○小学校《しょうがっこう》の門《もん》の前《まえ》に集合《しゅうごう》」というように、家族《かぞく》がバラバラになったときに集《あつ》まる場所《ばしょ》を決《き》めておきます。実際《じっさい》に歩《ある》いてみて、行《い》き方《かた》も確認《かくにん》しましょう。

お父《とう》さんやお母《かあ》さんに自分《じぶん》のアイデアを話《はな》してみてもいいかもね！

その3 近所《きんじょ》の人《ひと》たちと協力《きょうりょく》を！

日常生活《にちじょうせいかつ》でできること

- □ ふだんから元気《げんき》にあいさつして、信頼関係《しんらいかんけい》を作《つく》ろう！
- □ 地域《ちいき》の防災訓練《ぼうさいくんれん》に参加《さんか》してみよう。
- □ 一人《ひとり》ぐらしのお年寄《としよ》りや、いざというとき一人《ひとり》でにげるのが難《むずか》しい人《ひと》はいないか、保護者《ほごしゃ》といっしょに確認《かくにん》してみよう。

災害《さいがい》が起《お》きたときは近所《きんじょ》の人《ひと》といっしょに行動《こうどう》できれば心強《こころづよ》いな。

正《ただ》しい数字《すうじ》を選《えら》べ！

このメモ、
数字《すうじ》の部分《ぶぶん》だけ何《なに》も書《か》かれてないじゃない！

だって、数字《すうじ》が苦手《にがて》なんだもん…。
ちりこ、いっしょに数字《すうじ》を探《さが》して！

★ミッション！

メモ1～メモ6の[あ]～[こ]に、左《ひだり》ページの〈数字《すうじ》メモ〉から正《ただ》しい数字《すうじ》を探《さが》して、メモを完成《かんせい》させましょう。

メモ1 日本の陸地《りくち》の約《やく》[あ]分《ぶん》の[い]は山《やま》である。

メモ2 日本アルプスには[う]m以上《いじょう》の山《やま》が並《なら》んでいる。

メモ3 梅雨《つゆ》はふつう[え]月から[お]月の間《あいだ》におとずれる。

メモ 4 日本の分《わ》け方《かた》で一番《いちばん》よく使《つか》われるのは、[か]つの地方《ちほう》と[き]の区画《くかく》に分《わ》ける方法《ほうほう》だ。

メモ 5 日本は、南北《なんぼく》におよそ[く]kmの長《なが》さの三日月形《みかづきがた》。

メモ 6 領海《りょうかい》は、日本の土地《とち》から[け]海里《かいり》（だいたい[こ]km先《さき》までの海《うみ》）のことをいう。

数字《すうじ》メモ

2	3	4	5	6	7	8
10	12	15	20	22	40	43
45	47	49	1200	1500	2000	2200
2500	3000	3200	3300	3500		

答《こた》えは38ページに！

クイズの答《こた》え

メモ1	あ	4	い	3
メモ2	う	3000		
メモ3	え	6	お	7
メモ4	か	8	き	47
メモ5	く	3300		
メモ6	け	12	こ	22

こんな調子《ちょうし》で
ガイドブックなんて
作《つく》れるのかのう…

日本に住《す》む人《ひと》のくらしを知《し》ろう！ 食《た》べ物《もの》編《へん》

日本の人《ひと》たちは
どんなものを食《た》べているんだろう？
食料《しょくりょう》は自分《じぶん》たちで
作《つく》っているのかなぁ？
食《た》べ物《もの》について
くわしく説明《せつめい》してほしいな！

【10】日本人《じん》はどんなものを食《た》べてきたの？

米《こめ》を主食《しゅしょく》とした「一汁三菜《いちじゅうさんさい》」が基本《きほん》！

日本では昔《むかし》から、米《こめ》（ごはん）とみそ汁《しる》を基本《きほん》とした**和食《わしょく》**が食《た》べられてきたよ。

ごはんとみそ汁《しる》に、肉《にく》や魚《さかな》、野菜《やさい》、卵《たまご》、乳製品《にゅうせいひん》などのおかずを3つつけた、昔《むかし》ながらの食事《しょくじ》のことを、**一汁三菜《いちじゅうさんさい》**と呼《よ》ぶんだ。今《いま》から800年《ねん》以上《いじょう》も前《まえ》、鎌倉時代《かまくらじだい》から親《した》しまれてきた、栄養《えいよう》バランスのいいこんだてなんだって！

最近《さいきん》では、家庭《かてい》で外国《がいこく》の料理《りょうり》を作《つく》ったり、米《こめ》のかわりにパンやめ

ランチはサプリ3種類とドリンク
シャカーイ星の一汁三菜だよ
味気ない…
いっただきまーす
一汁三菜

ん類《るい》などの小麦製品《こむぎせいひん》を食《た》べたりすることが多《おお》いみたいだけれど、季《き》節《せつ》の食《た》べ物《もの》をいかしながら作《つく》る和《わ》食《しょく》は、世界的《せかいてき》に注目《ちゅうもく》されている料《りょう》理《り》なんだ。

2013年《ねん》には、**※ユネスコ無形《むけい》文化遺産《ぶんかいさん》**にも登録《とうろく》されたんだよ。

米が主食…日本は米作りがさかんだったわよね？

和食についてももっと知りたいな～

※ P96を参照。

【11】日本の米《こめ》作《づく》りについて教《おし》えて！①

そもそも米《こめ》とは、**稲《いね》という植物《しょくぶつ》になる実《み》**だ。稲《いね》はもともと、気温《きおん》が高《たか》く雨《あめ》が多《おお》い、東南《とうなん》アジアで生《う》まれた植物《しょくぶつ》。気温《きおん》が高《たか》い夏《なつ》や、雨《あめ》が多《おお》い梅雨《つゆ》がある日本の気候《きこう》と相性《あいしょう》ぴったりだったんだ。

水田《すいでん》には多《おお》くの水《みず》が必要《ひつよう》だから、米作《こめづく》りは、気温《きおん》が高《たか》く、水《みず》がたまりやすい場所《ばしょ》（大《おお》きな川《かわ》の下流《かりゅう》にある平野《へいや》や、中流《ちゅうりゅう》にある盆地《ぼんち》）でさかんにおこなわれてきた。

時代《じだい》を経《へ》て、米《こめ》は北海道《ほっかいどう》や東北地方《とうほくちほう》などの寒《さむ》い地域《ちいき》でも作《つく》れるものへと改良《かいりょう》が進《すす》んだ。今《いま》や、日本の農作地《のうさくち》の半分《はんぶん》は水田《すいでん》なのだ。

ちなみに、米《こめ》がよくとれるのは**北海道《ほっかいどう》・東北地方《とうほくちほう》と、新潟《にいがた》、富山《とやま》、石川《いしかわ》、福井《ふくい》の4県《けん》を合《あ》わせた北陸《ほくりく》地方《ちほう》**だ。

稲の花がさく時期に
太陽の光をたっぷりと浴びせることも
米を育てる条件だそうよ

夏は
太陽が出ている時間が
長いもんね

外側の茶色いカラをとると
白いお米が出てくるぞ!
おおーーっ!!
パシャ
ピピピ

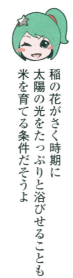

【12】日本の米作《こめづく》りについて教《おし》えて！②

稲《いね》を育《そだ》てるには多《おお》くの作業《さぎょう》が必要《ひつよう》だ

稲《いね》を育《そだ》てるときに用《もち》いるのが、農薬《のうやく》や化学肥料《かがくひりょう》だ。だが、これらは使《つか》いすぎると、米《こめ》を食《た》べた人《ひと》の体《からだ》に悪影響《あくえいきょう》をあたえたり、土《つち》を不《ふ》健康《けんこう》な状態《じょうたい》にして、米《こめ》の収穫量《しゅうかくりょう》を減《へ》らしてしまったりする。だから多《おお》くの農家《のうか》では、農薬《のうやく》をなるべく少《すく》なくし、化学肥料《かがくひりょう》のかわりに**たい肥《ひ》**という天然《てんねん》の肥料《ひりょう》を使《つか》うよう努力《どりょく》しているのだ。

稲《いね》は春《はる》の初《はじ》め頃《ごろ》から、苗《なえ》になるまでビニールハウスなどの寒《さむ》さを防《ふせ》げる場所《ばしょ》で育《そだ》て、その後《ご》水田《すいでん》に植《う》えかえる。水温《すいおん》より気温《きおん》が高《たか》い

田植えとは
せっ
せっ
大変な作業ね
ご飯一粒も残せないね
しみ
じみ

ときは水《みず》を少《すく》なくし、気温《きおん》より水温《すいおん》が高《たか》いときには水《みず》をたくさん入《い》れるようにする。これは、稲《いね》をできるだけ暖《あたた》かい環境《かんきょう》で育《そだ》てるための工夫《くふう》なのだ。

夏《なつ》になって気温《きおん》が高《たか》くなってきたら、一《いち》度《ど》水《みず》をすべてぬく、**中干《なかぼ》し**という作業《さぎょう》をする。中干《なかぼ》しした稲《いね》は、根《ね》がよくのびて、栄養吸収《えいようきゅうしゅう》が良《よ》くなるため、太《ふと》く、たおれにくくなる。こうして豊《ゆた》かな実《みの》りの季節《きせつ》をむかえるのだな。

田んぼの水を出し入れする道を「用水路」「排水路」というそうよ

お米って手間ひまをかけて育てられているんだね

【13】米作《こめづく》りの進化《しんか》について知《し》りたい！

様々《さまざま》な「売《う》る工夫《くふう》」をしているよ！

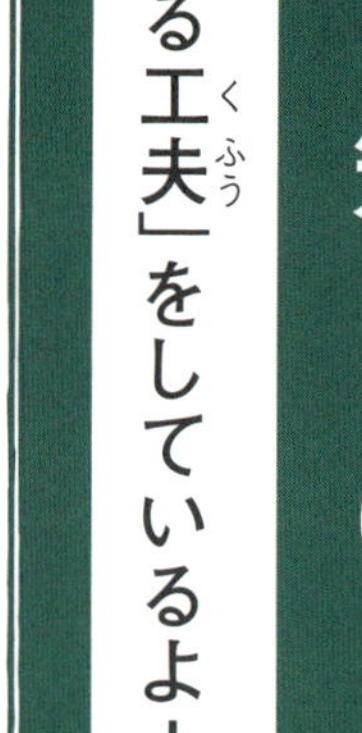

１９９５年《ねん》にそれまで禁止《きんし》されていたお米《こめ》の輸入《ゆにゅう》が許可《きょか》されてから、値段《ねだん》の安《やす》い外国《がいこく》のお米《こめ》ばかりが買《か》われてしまうことがないように、日本の稲作農家《いなさくのうか》はいろいろな工夫《くふう》をしているんだよ。たとえば、複数《ふくすう》の農家《のうか》がお金《かね》を出《だ》し合《あ》い高価《こうか》なトラクターや田植《たう》え機《き》を買《か》ったり、小《ちい》さくてせまい田《た》んぼを、機械《きかい》が入《はい》るような大《おお》きな田《た》んぼに作《つく》りかえたり（**耕地整理**《こうちせいり》）しているんだ。そうすれば、短《みじか》い時間《じかん》でたくさんのお米《こめ》を収穫《しゅうかく》することができるでしょ？

もちろん、よりおいしくて、寒《さむ》さや病気《びょうき》に強《つよ》いお米《こめ》を作《つく》る研究《けんきゅう》もかかしていないよ。生《い》き物《もの》についての最新研究《さいしんけんきゅう》（**バイオ技術《ぎじゅつ》**）を使《つか》っている農家《のうか》や、かもに害虫《がいちゅう》や雑草《ざっそう》を食《た》べてもらう**あいがも農法《のうほう》**で、安全《あんぜん》なお米《こめ》を作《つく》っている農家《のうか》もあるよ。最近《さいきん》では、独自《どくじ》の名前《なまえ》をつけた**ブランド米《まい》**を作《つく》ることもはやっているんだ。

好みに合うブランド米を探すのも楽しそう！

もっとも多く作られているのはコシヒカリらしいわ

かもがお米を食べてるよ！
あっ
じゃぶ
ちがうよ 害虫や雑草を食べてるんだよ
米は食べないよ

個性豊《こせいゆた》かなお米《こめ》がたくさん
ブランド米《まい》カタログ

ブランド米《まい》って どういうお米《こめ》？

ふだん、お店《みせ》で売《う》られているお米《こめ》には「数種類《すうしゅるい》のお米《こめ》を混《ま》ぜたもの」と「特定《とくてい》の場所《ばしょ》で作《つく》られた1種類《しゅるい》のお米《こめ》だけを入《い》れたもの」がある。1種類《しゅるい》のお米《こめ》だけで売《う》られているものを「ブランド米《まい》（銘柄《めいがら》米《まい》）」という。味《あじ》や育《そだ》つ環境《かんきょう》、病気《びょうき》への抵抗力《ていこうりょく》など、その個性《こせい》は千差《せんさ》万別《ばんべつ》だ。

歴史《れきし》と伝統《でんとう》のブランド米《まい》

日本で最初《さいしょ》にブランド米《まい》が作《つく》られたのは、昭和時代《しょうわじだい》のこと。人々《ひとびと》に長《なが》い間愛《あいだあい》されているお米《こめ》だ。

コシヒカリ

人気《にんき》の高《たか》いお米《こめ》。おいしいお米《こめ》に必要《ひつよう》な成分《せいぶん》がバランス良《よ》くふくまれているため、食《た》べたときに「味《あじ》が濃《こ》い！」と感《かん》じる人《ひと》も多《おお》い。ねばりけが強《つよ》め。

ササニシキ

ねばりけが少《すく》なく、あっさりした味《あじ》をしている。チャーハンや寿《す》司《し》を作《つく》るときに使《つか》われることが多《おお》い。くきが倒《たお》れやすいため、現在《げんざい》の生産量《せいさんりょう》は少《すく》ない。

あきたこまち

世界三大美女《せかいさんだいびじょ》の一人《ひとり》、小野小町《おののこまち》が名前《なまえ》の由来《ゆらい》。コシヒカリと別《べつ》の品種《ひんしゅ》のお米《こめ》をかけ合《あ》わせて生《う》まれたため、コシヒカリと同様《どうよう》に味《あじ》が濃《こ》く、冷《さ》めても味《あじ》が落《お》ちない。

名前《なまえ》がゆかいな!? ブランド米《まい》

インパクトばつぐんの、おもしろい名前《なまえ》が
ついているブランド米《まい》を紹介《しょうかい》するぞ。

ミルキークイーン

コシヒカリの突然変異《とつぜんへんい》から生《う》まれた品種《ひんしゅ》で、もちもちとした食感《しょっかん》が特《とく》ちょう。玄米《げんまい》がほかのお米《こめ》より白《しろ》っぽく半《はん》透明《とうめい》であることからこの名前《なまえ》がついた。

森《もり》のくまさん

歌《うた》の題名《だいめい》のような名前《なまえ》は、「森《もり》の都《みやこ》」「熊本県《くまもとけん》」「生産《せいさん》」の3つの単語《たんご》からつけられた。スリムな形《かたち》のお米《こめ》で、炊《た》くともちもち、弾力《だんりょく》のある食感《しょっかん》になる。

青天《せいてん》の霹靂《へきれき》

粒《つぶ》が大《おお》きく、つやがあるお米《こめ》。上品《じょうひん》な甘《あま》みが特《とく》ちょう。「青森《あおもり》」の「天《てん》（空《そら》）」に現《あらわ》れた「霹靂《へきれき》（いなずま）」のように、みんなを驚《おどろ》かせたいと名《な》づけられた。

病気《びょうき》にうち勝《か》つ！ ブランド米《まい》

お米《こめ》も人《ひと》と同《おな》じく病気《びょうき》になる。改良《かいりょう》に改良《かいりょう》を重《かさ》ね、
病気《びょうき》にかかりにくいお米《こめ》を作《つく》っているのだ。

たかたのゆめ

平成《へいせい》25年《ねん》に登録《とうろく》された品種《ひんしゅ》。東《ひがし》日本大震災《だいしんさい》の被災地《ひさいち》、陸前高田《りくぜんたかた》から夢《ゆめ》を届《とど》けようと名《な》づけられた。東北《とうほく》の気候《きこう》に適《てき》していて、少《すく》ない農薬《のうやく》で育《そだ》てられる。

彩《さい》のかがやき

埼玉県《さいたまけん》が「味《あじ》が良《よ》く、病気《びょうき》に強《つよ》いお米《こめ》を作《つく》ろう」と生《う》み出《だ》した品種《ひんしゅ》。埼玉県《さいたまけん》のキャッチフレーズ「彩《さい》の国《くに》」が名《な》前《まえ》の由来《ゆらい》。複数《ふくすう》の病気《びょうき》にうち勝《か》つ力《ちから》がある。

【14】野菜《やさい》や果物《くだもの》はどこで作《つく》っているの？

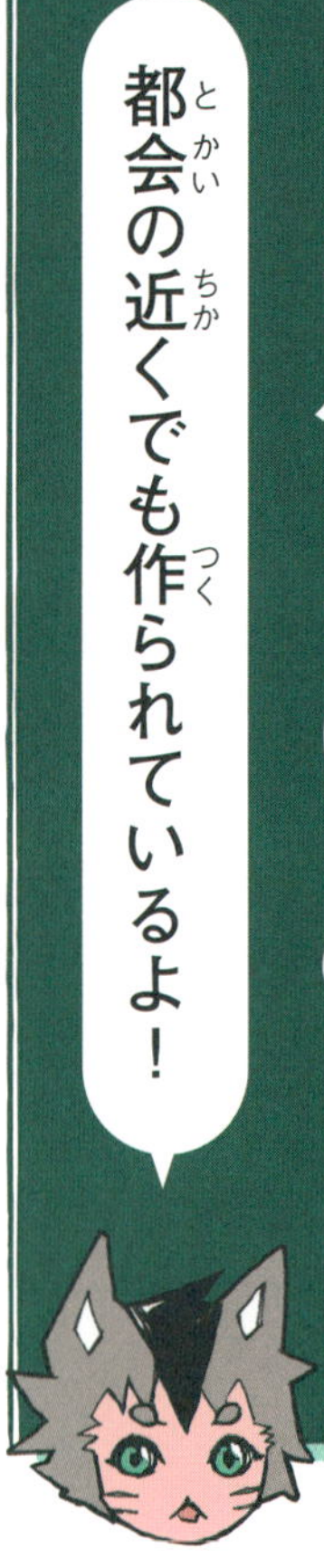

北《きた》の北海道《ほっかいどう》から、南《みなみ》の九州《きゅうしゅう》、沖縄《おきなわ》まで、それぞれの地域《ちいき》で、気候《きこう》や地形《ちけい》、場所《ばしょ》に合《あ》った作物《さくもつ》が作《つく》られているよ。

たとえば、冬《ふゆ》でも暖《あたた》かい南《みなみ》の地域《ちいき》では、ビニールハウスなどで作物《さくもつ》の成長《せいちょう》を早《はや》める、**促成栽培**《そくせいさいばい》という農業《のうぎょう》がおこなわれているよ。代表的《だいひょうてき》な作物《さくもつ》はナスやピーマン、キュウリだね。ほかの地域《ちいき》より早《はや》く収穫《しゅうかく》して、出荷《しゅっか》することができれば、その分《ぶん》たくさん売《う》ることができるでしょう。逆《ぎゃく》に、夏《なつ》でもすずしい中部《ちゅうぶ》や関東《かんとう》の高原《こうげん》では、**抑制**《よくせい》

栽培《さいばい》がさかん！　レタスやキャベツなどを、ほかの地域《ちいき》でとれなくなった頃《ころ》に出荷《しゅっか》して、高《たか》い値段《ねだん》をつけてもらうんだ。

そして**近郊農業《きんこうのうぎょう》**も見《み》のがせない。人口《じんこう》が多《おお》い大都市《だいとし》、東京《とうきょう》・大阪《おおさか》・名古屋《なごや》の近《ちか》くでおこなう農業《のうぎょう》のことだよ。**野菜《やさい》や果物《くだもの》をたくさん消《しょう》費《ひ》する大都市《だいとし》に、新鮮《しんせん》な作物《さくもつ》を届《とど》けられる**という長所《ちょうしょ》があるんだ。

近郊農業では
花なども作られているそうよ

屋外で作物を育てることを
露地栽培っていうんだって

この食べ物
チリコに
似てる…
これ
何ていうの？
キャベツ
ムッカ！
あんたなんて
これよ！
レタスか…
どっちもどっちだ
プフッ

【15】

日本の野菜《やさい》作《づく》り、どこがすごい？

情報網《じょうほうもう》や交通《こうつう》を駆使《くし》しているぞ

情報《じょうほう》や交通《こうつう》が発達《はったつ》したことで、新鮮《しんせん》な野菜《やさい》や果物《くだもの》を、必要《ひつよう》な場所《ばしょ》に、必要《ひつよう》な分《ぶん》だけ届《とど》けられるようになったぞ。農家《のうか》の人《ひと》たちはコンピューターを使《つか》って、日本各地《かくち》の市場《いちば》の状況《じょうきょう》を調《しら》べる。そして自分《じぶん》たちが育《そだ》てた作物《さくもつ》がもっとも高《たか》く売《う》れそうな場所《ばしょ》や時期《じき》に作物《さくもつ》を出荷《しゅっか》するんだ。

冷蔵庫《れいぞうこ》なみの温度《おんど》を保《たも》つトラックは、野菜《やさい》や果物《くだもの》を遠《とお》い地域《ちいき》へ運《はこ》ぶことができる。**高速《こうそく》フェリー**や**航空機《こうくうき》**も活用《かつよう》されているぞ。

畑《はたけ》でもいろいろな工夫《くふう》をしている。同《おな》じ畑《はたけ》で同《おな》じ野菜《やさい》を続《つづ》けて作《つく》ると（**連作**《れんさく》という）、野菜《やさい》が病気《びょうき》になるおそれがあるため、レタスの次《つぎ》は別《べつ》の野菜《やさい》……というように、育《そだ》てる作物《さくもつ》を変《か》えているのだ。また、安全《あんぜん》なたい肥《ひ》を使《つか》う農家《のうか》も増《ふ》えているようだな。

コンピューターで何を調べているの？

野菜の値段よ　とれすぎると値段が下がるんですって

宇宙なら野菜ももっと高く売れるのにー
どうして売らないの？
どうしてと言われても…

ちりことくにおの
取材《しゅざい》メモ
4

ハイテク技術《ぎじゅつ》で野菜作《やさいづく》り!?
要注目《ようちゅうもく》!「LED《エルイーディー》野菜《やさい》」

野菜作《やさいづく》りに必要《ひつよう》なものは何《なん》だと思《おも》う?

養分《ようぶん》の入《はい》った土《つち》と太陽《たいよう》の光《ひかり》かしら?

暖《あたた》かさも必要《ひつよう》なんじゃない?

そのとおり。ところが最近《さいきん》、土《つち》も太陽《たいよう》の光《ひかり》も必要《ひつよう》としない部屋《へや》の中《なか》で作《つく》ることができる野菜《やさい》が登場《とうじょう》したのさ。その名《な》も、「LED野菜《エルイーディーやさい》」。

何《なに》それ、おもしろい! くわしく教《おし》えて!!

そもそも、LED《エルイーディー》ってなぁに?

LED《エルイーディー》とは「発光《はっこう》ダイオード」のことで、電気《でんき》を流《なが》したときに光《ひかり》を発《はっ》する電子部品《でんしぶひん》です。材料《ざいりょう》によって、様々《さまざま》な色《いろ》に光《ひか》ります。2014年《ねん》には、日本人科学者《じんかがくしゃ》3人《にん》(うち、一人《ひとり》はアメリカ国籍《こくせき》)が、青色発光《あおいろはっこう》ダイオードの研究《けんきゅう》で、ノーベル物理学賞《ぶつりがくしょう》を受賞《じゅしょう》しました。LED《エルイーディー》には、ふつうの電気《でんき》より寿命《じゅみょう》が長《なが》い、電気代《でんきだい》が白熱電球《はくねつでんきゅう》の約《やく》10分《ぶん》の1ですむ、紫外線《しがいせん》や赤外線《せきがいせん》をほとんど出《だ》さない、二《に》酸化炭素《さんかたんそ》の排出量《はいしゅつりょう》が少《すく》ないなどのメリットがあります。

なぜLED《エルイーディー》で野菜《やさい》が育《そだ》つの?

ひとくちに太陽《たいよう》の光《ひかり》といっても、植物《しょくぶつ》は、主《おも》に赤《あか》い光《ひかり》を光合成《こうごうせい》に使《つか》い、青《あお》い光《ひかり》を葉《は》や実《み》を作《つく》るために使《つか》います。LED《エルイーディー》を使《つか》えば、植物《しょくぶつ》がそのときどきに必要《ひつよう》とする色《いろ》の光《ひかり》を、必要《ひつよう》な分《ぶん》だけあたえることができるのです。

★ LED《エルイーディー》野菜《やさい》とふつうの野菜《やさい》のちがい ★

	LED《エルイーディー》野菜《やさい》	ふつうの野菜《やさい》
育《そだ》てる場所《ばしょ》	液体《えきたい》の中《なか》に苗《なえ》を入《い》れて育《そだ》てる	土《つち》に苗《なえ》を植《う》えて育《そだ》てる
栄養《えいよう》など	液体《えきたい》に養分《ようぶん》を入《い》れたり、根《ね》に空気《くうき》を送《おく》る	肥料《ひりょう》や農薬《のうやく》を使《つか》う
浴《あ》びせる光《ひかり》	そのときどきに必要《ひつよう》な色《いろ》のLED《エルイーディー》の光《ひかり》	太陽《たいよう》の光《ひかり》

畑《はたけ》で野菜《やさい》を作《つく》る人《ひと》たちと
LED《エルイーディー》で野菜《やさい》を育《そだ》てる人《ひと》たちが
切磋琢磨《せっさたくま》しながら
おいしい野菜《やさい》を作《つく》れると
いいね！

LED《エルイーディー》野菜《やさい》のいいところ

- 農薬《のうやく》を使《つか》わずに野菜《やさい》を育《そだ》てることができる
- 室内《しつない》で育《そだ》てるので、収穫量《しゅうかくりょう》が天気《てんき》に左右《さゆう》されない
- 少《すく》ないエネルギーで野菜《やさい》を育《そだ》てることができる

【16】肉《にく》はどうやって作《つく》られているの？

「畜産《ちくさん》」をおこなっているぞ

日本で食《た》べられている肉《にく》は主《おも》に牛《うし》・ぶた・にわとりだ。牛《うし》は肉《にく》を食《た》べる**肉牛**《にくぎゅう》と、牛乳《ぎゅうにゅう》をとる**乳牛**《にゅうぎゅう》に、にわとりは卵《たまご》をとるためのものと、肉《にく》を食《た》べる**ブロイラー**に分《わ》けて育《そだ》てられている。このように、食《しょく》につながる動物《どうぶつ》を育《そだ》てている農家《のうか》を、**畜産農家**《ちくさんのうか》と呼《よ》ぶのだ。

畜産農家《ちくさんのうか》は、広《ひろ》い土地《とち》がある地域《ちいき》に多《おお》く集《あつ》まっている。なぜなら、動物《どうぶつ》を育《そだ》てるには、たくさんのエサが必要《ひつよう》だからだ。多《おお》くの牛《うし》は牧《ぼく》草《そう》を、ぶたは畑《はたけ》でとれる作物《さくもつ》を食《た》べて育《そだ》つ。エサを作《つく》るためには、広《こう》

肉って
こういう動物かと
思ってた
私も…
こわいよ！
ニ゛ヤー

大《だい》な土地《とち》が必要《ひつよう》なんだ。

肉牛《にくぎゅう》は北海道《ほっかいどう》・鹿児島県《かごしまけん》・宮崎県《みやざきけん》、乳牛《にゅうぎゅう》は北海道《ほっかいどう》・岩手県《いわてけん》・栃木県《とちぎけん》が主《おも》な産地《さんち》だ。ぶたは鹿児島県《かごしまけん》・宮崎県《みやざきけん》に広《ひろ》がる※**シラス台地《だいち》**で数多《かずおお》く飼育《しいく》されている。一方《いっぽう》にわとりは、大都市《だいとし》に新鮮《しんせん》な卵《たまご》を運《はこ》べる関東地方《かんとうちほう》と、鹿児島県《かごしまけん》が主《おも》な産地《さんち》だ。ブロイラーの畜産《ちくさん》は鹿児島県《かごしまけん》、宮崎県《みやざきけん》、岩手県《いわてけん》でさかんだな。

卵は冷凍でき
ないから
遠くへ
運べないんだ！

シラス台地は
稲作には向かない
らしいわ

※ シラスと呼ばれる火山灰などの古い火山の噴出物が積もってできた土地。

【17】畜産農家《ちくさんのうか》の人《ひと》たちの苦労《くろう》を教《おし》えて！

輸入品《ゆにゅうひん》との価格競争《かかくきょうそう》や、伝染病《でんせんびょう》がこわいな

国産《こくさん》の肉《にく》よりも、外国《がいこく》から輸入《ゆにゅう》される安《やす》い肉《にく》や乳製品《にゅうせいひん》を買《か》う人《ひと》が増《ふ》えていることだ。いくら畜産農家《ちくさんのうか》が広《ひろ》い土地《とち》を持《も》っているといっても、エサの量《りょう》が家畜《かちく》の数《かず》に追《お》いついていないことが多《おお》い。そのため、**足《た》りないエサは外国《がいこく》から輸入《ゆにゅう》することになる。**

エサ代《だい》がよけいにかかった分《ぶん》、肉《にく》や乳製品《にゅうせいひん》の値段《ねだん》を上《あ》げなければ、農家《のうか》はもうけが得《え》られない。せっかく育《そだ》てた家畜《かちく》の肉《にく》も、食《た》べてもらわなくては意味《いみ》がないからな。

また、このところ増《ふ》えているのが、家《か》畜《ちく》の間《あいだ》で広《ひろ》がる伝染病《でんせんびょう》だ。**BSE**《ビーエスイー》**（狂牛《きょうぎゅう》病《びょう》）**や**口蹄疫《こうていえき》ウイルス**、**鳥《とり》インフルエンザ**……伝染病《でんせんびょう》にかかった動物《どうぶつ》が、一頭《とう》、一羽《わ》でも発見《はっけん》されたら、その農家《のうか》で育《そだ》てている家畜《かちく》はすべて処分《しょぶん》しなくてはならないというルールがある。畜産農家《ちくさんのうか》が受《う》けるダメージははかり知《し》れないな。

鳥インフルエンザ
のように
家畜から人にかかる
病気もあるのよ

どの農家にも
苦労はたくさん
あるんだね…

ちりことくにおの
取材《しゅざい》メモ 5

ただ育《そだ》てるだけじゃダメ！ おいしい肉《にく》を作《つく》る三《さん》か条《じょう》

口《くち》の中《なか》でとろける牛肉《ぎゅうにく》、
あまくやわらかい豚肉《ぶたにく》、
ジューシーで弾力《だんりょく》のある鶏肉《とりにく》…。
そんなおいしいお肉《にく》を作《つく》るため、
畜産農家《ちくさんのうか》の人《ひと》たちは
手間《てま》ひまをかけて
家畜《かちく》を育《そだ》てているんだよ。
ここではその一部《いちぶ》を教《おし》えるね。

一、血統《けっとう》を大切《たいせつ》にする

質《しつ》の高《たか》い肉《にく》を出荷《しゅっか》し続《つづ》けるためには「血統《けっとう》」を守《まも》る必要《ひつよう》があります。

たとえば、おいしいと有名《ゆうめい》なAという品種《ひんしゅ》のメスの牛《うし》と、Bという品種《ひんしゅ》のオスの牛《うし》との間《あいだ》に子牛《こうし》を産《う》ませたら、Aという牛《うし》のおいしさは失《うしな》われてしまいます。

肉《にく》のおいしさを守《まも》るためにも、血統《けっとう》は欠《か》かせない要素《ようそ》です。

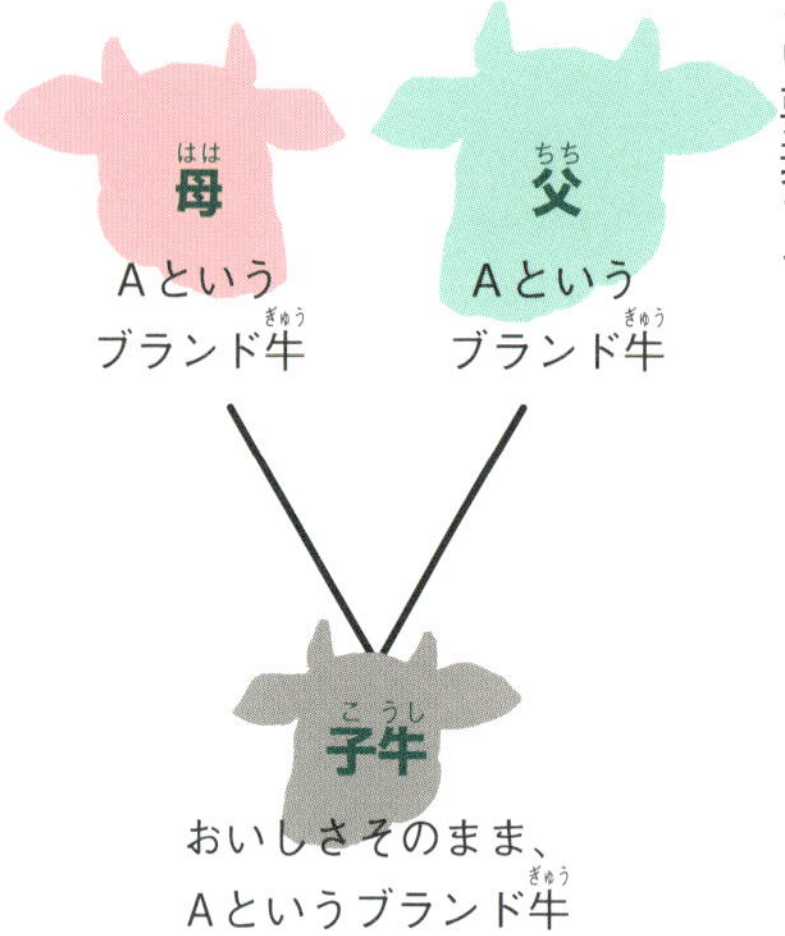
母《はは》
Aという
ブランド牛《ぎゅう》
父《ちち》
Aという
ブランド牛《ぎゅう》
子牛《こうし》
おいしさそのまま、
Aというブランド牛《ぎゅう》

二、エサを工夫《くふう》する

「いい肉《にく》」とは、脂肪分《しぼうぶん》が多《おお》すぎも少《すく》なすぎもせず、弾力《だんりょく》がありつつも、やわらかい……。そんなバランスがとれた肉《にく》です。そのためには、家畜《かちく》に食《た》べさせるエサを工夫《くふう》しなければなりません。

　カロリーが高《たか》いエサで適度《てきど》な脂肪《しぼう》を作《つく》ったり、新鮮《しんせん》な牧草《ぼくそう》で肉質《にくしつ》を整《ととの》えたり、ときにはサプリメントを使《つか》うこともあるそうです。

モグ
モグ
サプリ

三、ストレスをあたえない

　人間《にんげん》は、ストレスがたまると体調《たいちょう》をくずしたり、病気《びょうき》になったりすることがあります。家《か》畜《ちく》たちも同《おな》じです。せまい場所《ばしょ》に押《お》しこめられたり、休《やす》ませてもらえなかったりすると、ストレスがたまり肉質《にくしつ》が悪《わる》くなります。

　畜産農家《ちくさんのうか》は、家畜《かちく》のストレスを減《へ》らすため、研究《けんきゅう》を重《かさ》ねているのです。

人間《にんげん》と同《おな》じくらい
気《き》をつかって育《そだ》てる
必要《ひつよう》があるのね

【18】日本は魚《さかな》がたくさんとれるって本当《ほんとう》？

世界有数《せかいゆうすう》の魚大国《さかなたいこく》だよ～！

日本は海《うみ》に囲《かこ》まれた国《くに》だし、魚《さかな》のエサになるプランクトンが発生《はっせい》しやすい**大陸《たいりく》だな（海岸《かいがん》にあるゆるやかな斜面《しゃめん》）**や、**潮目《しおめ》（暖流《だんりゅう》[※1]と寒流《かんりゅう》[※2]がぶつかる場所《ばしょ》）**もあるから、ほかの国《くに》よりも魚《さかな》がたくさんとれるよ。

魚《さかな》をつかまえて、市場《いちば》などに卸《おろ》したりする仕事《しごと》を漁業《ぎょぎょう》というんだけれど、漁業《ぎょぎょう》は大《おお》きく二《ふた》つに分《わ》けることができるんだ。ここではその一《ひと》つ、**とる漁業《ぎょぎょう》**を説明《せつめい》するね！

とる漁業《ぎょぎょう》は、魚《さかな》をとる場所《ばしょ》や乗《の》る船《ふね》の大《おお》きさで、さらに3つに分《わ》けられるんだ。

小型船《こがたせん》に乗《の》り、日帰《ひがえ》りで行《い》き来《き》できる場所《ばしょ》でする漁《りょう》を**沿岸漁業《えんがんぎょぎょう》**、中《ちゅう》くらいの船《ふね》に乗《の》り、海岸《かいがん》から80〜200㎞の場所《ばしょ》で、数日《すうじつ》から1か月《げつ》かけてする漁《りょう》を**沖合漁業《おきあいぎょぎょう》**、大型《おおがた》の船《ふね》に乗《の》り、遠《とお》くの海《うみ》で数《すう》か月《げつ》から1年《ねん》かけてする漁《りょう》を**遠洋漁業《えんようぎょぎょう》**というよ。

日本では1年で約500万tの魚がとれるんですって！

特に量が多いのはサバ類やイワシ類おいしそう〜

※1 暖かい海水の流れ。　※2 冷たい海水の流れ。

【19】じゃあ、これからも日本は魚《さかな》に困《こま》らないね！

とれる魚《さかな》の量《りょう》は減《へ》っているんだ

１９７０年代《ねんだい》に作《つく》られた**200海里水域《かいりすいいき》**というルールによって、遠洋《えんよう》漁業《ぎょぎょう》でとれる魚《さかな》の量《りょう》は少《すく》なくなっちゃったんだ。

200海里水域《かいりすいいき》は、**各国《かっこく》の土地《とち》から200海里《かいり》（だいたい370㎞くらい）までの場所《ばしょ》でとれる魚介類《ぎょかいるい》は、その国《くに》のものになる**、というルールのこと。おまけに、そのルールができたのと同《おな》じくらいの時期《じき》に、船《ふね》の燃料《ねんりょう》である石油《せきゆ》の値段《ねだん》まで上《あ》がっちゃった！

しかたがないから、その後《ご》は沖合漁業《おきあいぎょぎょう》や沿岸漁業《えんがんぎょぎょう》に力《ちから》を入《い》れるようになったんだけれど、そこでみんながいっせいに魚《さかな》をとったせいで、1990年代《ねんだい》くらいから、だんだんと海《うみ》でとれる魚《さかな》の量《りょう》が減《へ》ってしまったんだ。

まだ小さい魚や産卵前の魚をとったせいで魚が減ったんだね

何か解決策はないのかしら？

1970年代
遠洋漁業
ちょび
減った！
1990年代
沖合漁業・沿岸漁業
ちょび…
また減った！
どんどん少なくなっちゃう…

【20】魚《さかな》が減《へ》ったことへの対策《たいさく》はあるの？

「育《そだ》てる漁業《ぎょぎょう》」に力《ちから》を入《い》れている

そこで注目《ちゅうもく》されるのが、もう一《ひと》つの漁業《ぎょぎょう》、**育《そだ》てる漁業《ぎょぎょう》**だ。

育《そだ》てる漁業《ぎょぎょう》には、**養殖漁業《ようしょくぎょぎょう》**と**栽培漁業《さいばいぎょぎょう》**の２種類《しゅるい》がある。養殖漁業《ようしょくぎょぎょう》は、いけすという水《すい》そうのような場所《ばしょ》で、魚《さかな》を売《う》り物《もの》にできる大《おお》きさになるまで育《そだ》てる方法《ほうほう》だ。主《おも》に、波《なみ》が穏《おだ》やかな湾《わん》や入《い》り江《え》でおこなわれる。病気《びょうき》やウイルスに感染《かんせん》しないよう気《き》をつける必要《ひつよう》があるが、高級《こうきゅう》な魚介類《ぎょかいるい》を育《そだ》てられれば、安定《あんてい》した収入《しゅうにゅう》が得《え》られるのだ。

一方《いっぽう》、栽培漁業《さいばいぎょぎょう》とは、いけすの中《なか》で卵《たまご》をふ化《か》させ、稚魚《ちぎょ》（魚《さかな》の子《こ》

私もシャカーイ星で育てる漁業をしようと思うの！
副業よ！
遠い星まで連れていけるかのう…

ども）になるまで育《そだ》てた魚《さかな》を川《かわ》や海《うみ》に放《はな》し、大《おお》きくなったタイミングで再度《さいど》つかまえる方法《ほうほう》だ。海《うみ》の中《なか》に人工《じんこう》のすみかやエサ場《ば》、産卵場所《さんらんばしょ》を作《つく》るなどして、稚魚《ちぎょ》がどのように成魚《せいぎょ》（大人《おとな》の魚《さかな》）になるのか、研究《けんきゅう》することもある。いろいろな工夫《くふう》を重《かさ》ね、日本産《さん》の魚《さかな》が減《へ》らぬよう、努力《どりょく》しておるのだな。

消費者がどんなエサや薬をあたえられて育った魚か調べられるしくみがあるんだって
トレーサビリティっていうらしいわ

あの魚《さかな》がいなくなる!?
レッドリストの魚《さかな》を守《まも》れ！

レッドリストとは？※

地球《ちきゅう》の自然《しぜん》を守《まも》るために設立《せつりつ》された、国際自然保護連合《こくさいしぜんほごれんごう》（IUCN《アイユーシーエヌ》）が発表《はっぴょう》している、すでに絶滅《ぜつめつ》した野《や》生生物《せいせいぶつ》や、これから絶滅《ぜつめつ》する危険《きけん》がある野《や》生生物《せいせいぶつ》をまとめたリストのことだよ。なかでも絶滅《ぜつめつ》する危険《きけん》が高《たか》い「絶滅危惧種《ぜつめつきぐしゅ》」と呼《よ》ばれる生物《せいぶつ》は、危険度《きけんど》が高《たか》い順《じゅん》に「絶滅危惧《ぜつめつきぐ》ⅠA類《るい》」「絶滅危惧《ぜつめつきぐ》ⅠB類《るい》」「絶滅危惧《ぜつめつきぐ》Ⅱ類《るい》」の3段階《だんかい》に分《わ》かれているんだ。

※日本の環境省《かんきょうしょう》が発表《はっぴょう》している絶滅危惧種《ぜつめつきぐしゅ》のリストも「レッドリスト」といいます。

日本人《じん》ならみんな食《た》べている！
こんな魚《さかな》もレッドリストに

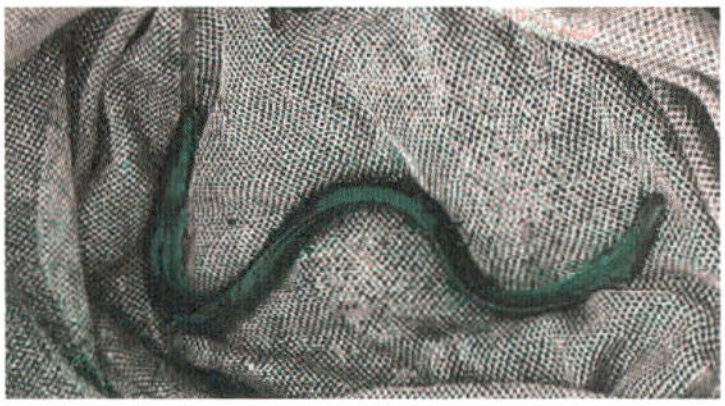

ニホンウナギ

日本や朝鮮半島《ちょうせんはんとう》からベトナムにいたる東《ひがし》アジア周辺《しゅうへん》にくらす。とりすぎや、環境汚染《かんきょうおせん》により数《かず》が減《へ》ったとされる。2014年《ねん》6月《がつ》、絶滅危惧種《ぜつめつきぐしゅ》ⅠB類《るい》に。

写真：PIXTA提供

クロマグロ

別名《べつめい》ホンマグロ。寿司《すし》ネタや刺身《さしみ》にするために幼魚《ようぎょ》をとりすぎて、数《かず》が減《へ》ったといわれている。2014年《ねん》11月《がつ》に絶滅《ぜつめつ》危惧種《きぐしゅ》Ⅱ類《るい》に加《くわ》えられた。

絶滅《ぜつめつ》を防《ふせ》ぐための3つの工夫《くふう》

「とりすぎ」をやめる

成魚《せいぎょ》（成長《せいちょう》した魚《さかな》）が卵《たまご》を産《う》み、卵《たまご》から稚魚《ちぎょ》（赤《あか》ちゃん）が生《う》まれ、また成魚《せいぎょ》が卵《たまご》を産《う》む……という営《いとな》みをくり返《かえ》すことで、海《うみ》や川《かわ》でくらす魚《さかな》の数《かず》は保《たも》たれています。

しかし、たくさんの成魚《せいぎょ》や、卵《たまご》を産《う》む前《まえ》の魚《さかな》をとってしまうと、サイクルがうまく回《まわ》らなくなり、魚《さかな》の数《かず》が減《へ》ってしまうのです。

養殖《ようしょく》の技術《ぎじゅつ》を高《たか》める

養殖《ようしょく》には、もともと海《うみ》や川《かわ》にいた稚魚《ちぎょ》を育《そだ》てる「畜養《ちくよう》」と、成魚《せいぎょ》から卵《たまご》をとり、それを人工的《じんこうてき》にふ化《か》させ育《そだ》てていく「完全養殖《かんぜんようしょく》」があります。完全養殖《かんぜんようしょく》には高《たか》い技術《ぎじゅつ》が求《もと》められますが、稚魚《ちぎょ》をとらなくていいため、魚《さかな》の数《かず》を減《へ》らす心配《しんぱい》がありません。現在《げんざい》ウナギやマグロの完全養殖《かんぜんようしょく》の研究《けんきゅう》がおこなわれています。

環境《かんきょう》を調査《ちょうさ》する

海《うみ》や川《かわ》の水質《すいしつ》が変《か》わったり、環境汚染《かんきょうおせん》が進《すす》んだりすると、魚《さかな》が病気《びょうき》になったり、その場所《ばしょ》でくらせなくなってしまいます。絶滅危惧種《ぜつめつきぐしゅ》の魚《さかな》がすみやすいのはどんな場所《ばしょ》か、どういう環境《かんきょう》なら卵《たまご》を産《う》みやすいのか調《しら》べることで、減《へ》った魚《さかな》を再《ふたた》び増《ふ》やすことができます。

マグロやウナギが食《た》べられ
なくなるのは悲《かな》しいけれど
絶滅《ぜつめつ》してしまうのは
もっと悲《かな》しいね

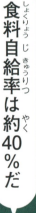

【21】日本人《じん》は日本産《さん》の食《た》べ物《もの》だけを食《た》べているの？

食料自給率《しょくりょうじきゅうりつ》は約《やく》40％だ

一《ひと》つの国《くに》で食《た》べられている食《た》べ物《もの》に対《たい》して、その国《くに》で作《つく》られている食《た》べ物《もの》の割合《わりあい》を**食料自給率**《しょくりょうじきゅうりつ》という。日本は、この食料《しょくりょう》自給率《じきゅうりつ》が約《やく》[※1]40％しかない。つまり半分《はんぶん》以上《いじょう》も、外国《がいこく》から輸入《ゆにゅう》（外国《がいこく》からものを買《か》うこと）したものを食《た》べていることになるのう。特《とく》に自給率《じきゅうりつ》が低《ひく》いのは大豆《だいず》と小麦《こむぎ》だ。輸入《ゆにゅう》がほとんどないのは、米《こめ》と卵《たまご》くらいだな。

アメリカなどで作《つく》る食物《しょくもつ》は、一度《いちど》に大量《たいりょう》に生産《せいさん》されるため、値段《ねだん》が安《やす》い。また、近頃《ちかごろ》は運搬《うんぱん》技術《ぎじゅつ》が発達《はったつ》し、たいていのものを新鮮《しんせん》な

ヘー!
店にある
商品名が書かれた
プレートや
カナダ産
¥XXX
商品の袋に
どこの国で作られたか
書いてあるぞ

状態《じょうたい》で日本に運《はこ》べるようになった。スーパーマーケットなどに輸入品《ゆにゅうひん》が増《ふ》えたのは、そういった事情《じじょう》もあるのだ。

ただ、外国《がいこく》からの輸入品《ゆにゅうひん》には、日本で禁止《きんし》されている農薬《のうやく》や薬品《やくひん》が使用《しよう》されている場合《ばあい》がある。消費者自身《しょうひしゃじしん》が、自分《じぶん》が買《か》う食料《しょくりょう》の安全性《あんぜんせい》について考《かんが》えなくてはならない時代《じだい》だ。

魚介類も
輸入が増えて
いるそうよ

※2
食料輸入額の
4分の1が
魚介類!?
かなり多いんだね

※1 2014年現在。カロリーベースで計算。
※2 外国から輸入しているすべての食料の値段の合計。

【22】日本独自《どくじ》の和食《わしょく》についてもっと教《おし》えてほしい！

四季《しき》のある日本では、季節《きせつ》によってとれる食材《しょくざい》がちがうんだ。季《き》節《せつ》に合《あ》った食材《しょくざい》のことを**旬《しゅん》の食材《しょくざい》**と呼《よ》ぶよ。和食《わしょく》では、この**旬《しゅん》の食《しょく》材《ざい》を使《つか》うこと**と、盛《も》りつけや器《うつわ》を工夫《くふう》して、**食《た》べる人《ひと》に季節《きせつ》を感《かん》じてもらうこと**が重要《じゅうよう》だと考《かんが》えられているんだ。

和食《わしょく》のもう一《ひと》つの特《とく》ちょうは、カツオやコンブなどからとれる**うま味**※《み》**がふくまれただし**と、**発酵食品《はっこうしょくひん》であるみそやしょうゆ**が調味料《ちょうみりょう》として使《つか》われていること！

さっきは輸入品《ゆにゅうひん》の話《はなし》ばっかりしちゃったけれど、「食《しょく》」にまつわる仕事《しごと》をする人《ひと》たちは、日本の食料《しょくりょう》自給率《じきゅうりつ》を上《あ》げ、伝統食《でんとうしょく》である和食《わしょく》を次《つぎ》の世代《せだい》へ引《ひ》き継《つ》ごうと努力《どりょく》しているよ！

※ 甘味、塩味、酸味、苦味のどれにもあてはまらない、心地良さを感じる味

ちりことくにおの
取材《しゅざい》メモ 7

世界遺産《せかいいさん》の味《あじ》を再現《さいげん》!?
「だし」をとってみよう

日本はどうしてだしをとる文化《ぶんか》が発達《はったつ》したの？

日本は場所《ばしょ》や季節《きせつ》によっていろいろな食材《しょくざい》がとれるだろう？　だからそれぞれの食材《しょくざい》の良《よ》さを引《ひ》き立《た》たせる味《あじ》つけが好《この》まれたんだ。だしは野菜《やさい》や魚《さかな》の味《あじ》を引《ひ》き出《だ》すんだよ。

どんな材料《ざいりょう》からだしをとっているの？

小魚《こざかな》を乾燥《かんそう》させた煮干《にぼ》しや、干《ほ》しシイタケ、コンブやかつおぶしも使《つか》われるよ。ここでは何《なん》にでも使《つか》えるコンブとかつおぶしのだしのとり方《かた》を教《おし》えるね！

用意《ようい》するもの
（だし1ℓ※分《ぶん》）

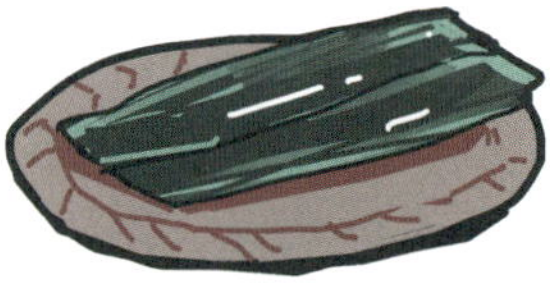

コンブ　10g
（だしコンブと書《か》かれているもの）

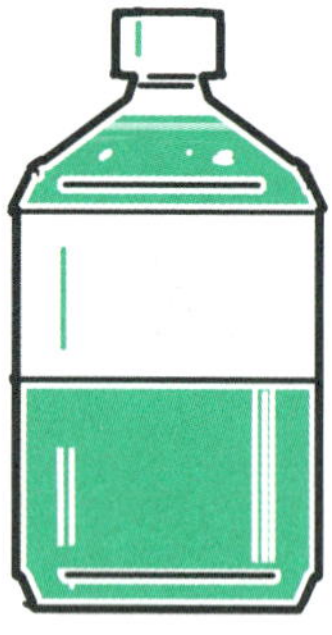

水《みず》　1ℓ

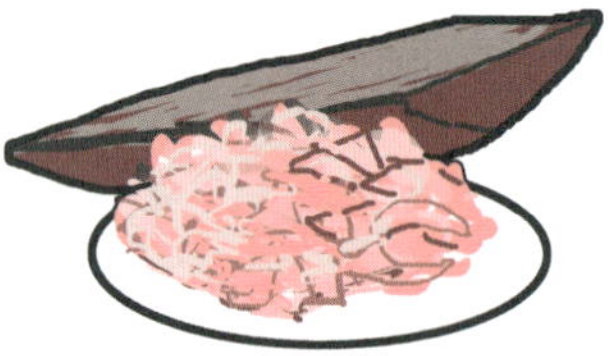

かつおぶし　20g

※ 調理《ちょうり》している最中《さいちゅう》に水《みず》が蒸発《じょうはつ》するので、実際《じっさい》の量《りょう》は1ℓより少《すく》なくなります。

だしのとり方《かた》

1

水《みず》にコンブを入《い》れて、そのまま1時間《じかん》ほど置《お》いておきます。

2

なべを火《ひ》にかけます。なべのまわりに小《ちい》さなあわが出《で》てくるまで待《ま》ちます。

3

沸騰直前《ふっとうちょくぜん》にコンブをとり出《だ》してかつおぶしを入《い》れ、沸騰《ふっとう》したところで火《ひ》を止《と》めます。

4

かつおぶしが底《そこ》にしずんだら、ざるなどでこします。おみそ汁《しる》や煮物《にもの》に使《つか》えます。

コンブは水《みず》から
かつおぶしは沸騰《ふっとう》してから
だしをとるのね
ほかの材料《ざいりょう》は
どんなふうに調理《ちょうり》するのか
調《しら》べてみたいな

その写真《しゃしん》、どっちが本物《ほんもの》？

気《き》になる言葉《ことば》の解説《かいせつ》記事《きじ》が書《か》けたよー！

文章《ぶんしょう》にそえる写真《しゃしん》が2枚《まい》ずつあるわよ。
これ、どっちが本物《ほんもの》なの？

★ミッション！

記事《きじ》1～記事《きじ》3の言葉《ことば》をヒントに、A・Bどちらが正《ただ》しい写真《しゃしん》か選《えら》びましょう。

記事《きじ》1 一汁三菜《いちじゅうさんさい》

A

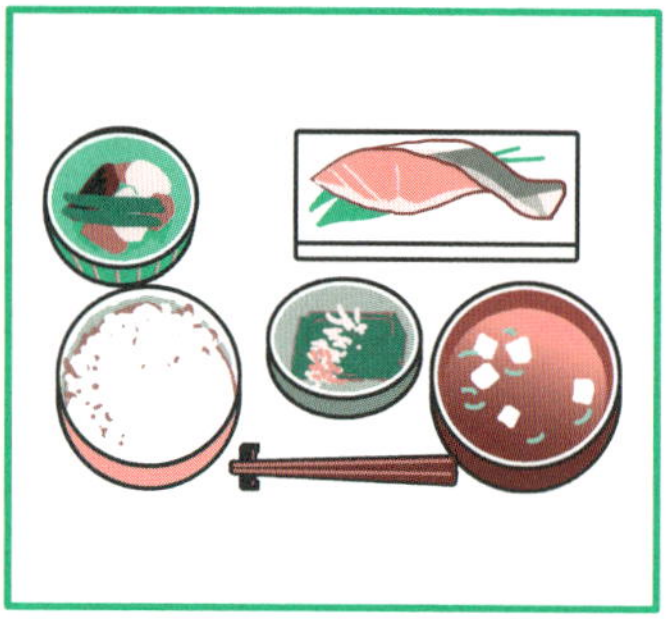

B

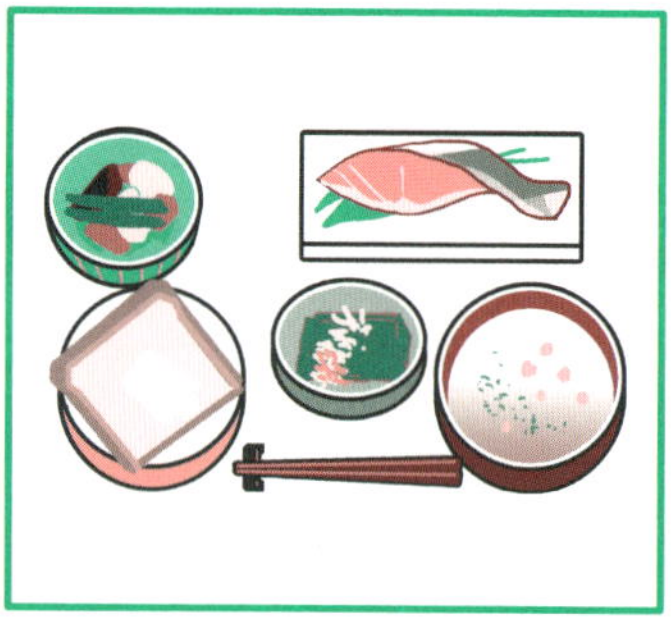

これが、日本人《じん》が食《た》べている「和食《わしょく》」の基本《きほん》セットです。主食《しゅしょく》と汁《しる》もの、3つのおかずがついています。800年《ねん》以《い》上前《じょうまえ》から食《た》べられてきた、栄養《えいよう》バランスのいい食事《しょくじ》です。

記事《きじ》2 促成栽培《そくせいさいばい》

A

B

南《みなみ》の暖《あたた》かい地域《ちいき》でおこなわれている農業《のうぎょう》の一種《いっしゅ》です。ビニールハウスを使《つか》って、作物《さくもつ》の成長《せいちょう》スピードを速《はや》め、ほかの地域《ちいき》より早《はや》いタイミングで野菜《やさい》を出荷《しゅっか》します。

記事《きじ》3 遠洋漁業《えんようぎょぎょう》

A

B

数《すう》か月《げつ》から1年《ねん》かけておこなう漁業《ぎょぎょう》です。大《おお》きな船《ふね》を使《つか》って遠《とお》くの海《うみ》まで出《で》かけます。200海里水域《かいりすいいき》というルールが作《つく》られてから、遠洋漁業《えんようぎょぎょう》でとれる魚《さかな》の数《かず》は減《へ》ってきました。

答《こた》えは78ページに！

クイズの答《こた》え

記事《きじ》 1　A

和食《わしょく》の主食《しゅしょく》といったら米《こめ》！
汁《しる》ものはスープじゃなくてみそ汁《しる》が基本《きほん》よ！

記事《きじ》 1　A

促成栽培《そくせいさいばい》は冬《ふゆ》でも暖《あたた》かい地域《ちいき》でおこなわれている農業《のうぎょう》よ！
雪《ゆき》の中《なか》じゃできないわ

記事《きじ》 1　B

こんな小《ちい》さい船《ふね》で1年間《ねんかん》も過《す》ごすのはちょっと無理《むり》じゃないかしら…

いったいどうやって
こんな写真《しゃしん》撮《と》ったのよ？
もう一度《いちど》、取材《しゅざい》し直《なお》し！

日本に住《す》む人《ひと》のくらしを知《し》ろう！ ものづくり編《へん》

日本には昔《むかし》、外国《がいこく》との交流《こうりゅう》を
ほとんどおこなわない時期《じき》があった。
そのため、この国《くに》では独自《どくじ》の
「ものづくり文化《ぶんか》」が発展《はってん》したのだ。
ここからはそんな
日本のものづくりを紹介《しょうかい》しよう。

【23】

日本ではどんなものがたくさん作《つく》られているの？

機械《きかい》が多《おお》いよ。特《とく》に自動車《じどうしゃ》が有名《ゆうめい》！

第二次世界大戦《だいにじせかいたいせん》が終《お》わってからの日本では、鉄《てつ》を材料《ざいりょう》に自動車《じどうしゃ》や船《ふね》、電化製品《でんかせいひん》やコンピューターなどを作《つく》る、**機械工業《きかいこうぎょう》**がさかんになったんだ。日本が作《つく》っているすべての製品《せいひん》のうち、約半分《やくはんぶん》が機械工業《きかいこうぎょう》製品《せいひん》だよ。

特《とく》にすごいのは自動車《じどうしゃ》。現在《げんざい》、日本が１年間《ねんかん》に作《つく》る自動車《じどうしゃ》の数《かず》は、世界《せかい》でもトップクラスの多《おお》さなんだ。１９８０年代《ねんだい》には、世界《せかい》１位《い》になったこともあるんだから！　ちなみに、２０１６年現在《ねんげんざい》、１年《ねん》

間《かん》に輸出《ゆしゅつ》する自動車《じどうしゃ》の台数《だいすう》が一番多《いちばんおお》い国《くに》は日本だよ。
機械工業《きかいこうぎょう》の発展《はってん》は、人々《ひとびと》の生活《せいかつ》を変《か》えたんだ。洗《せん》たく機《き》やそうじ機《き》、テレビはくらしを便利《べんり》にしたし、自《じ》動車《どうしゃ》や新幹線《しんかんせん》、航空機《こうくうき》の登場《とうじょう》で、日本人《じん》はいろんな場所《ばしょ》に行《い》けるようになった。これからもたくさんのものが作《つく》られて、たくさんの変化《へんか》が起《お》こるんだろうね。

愛知県の豊田市は自動車で有名な場所なんだって

今後、日本人のくらしを変えそうなものは何だろう？

【24】これから注目《ちゅうもく》の工業製品《こうぎょうせいひん》は何《なに》？

近年《きんねん》、すごいスピードで発展《はってん》しているのが、最先端《さいせんたん》の技術《ぎじゅつ》を使《つか》った**電子工業《でんしこうぎょう》**だ。作《つく》っているのは、**IC《アイシー》などの電子部品《でんしぶひん》**。IC《アイシー》とは、たくさんの情報《じょうほう》を記憶《きおく》したり処理《しょり》したりできる、板《いた》の形《かたち》をした小《ちい》さい部品《ぶひん》のこと。たくさんの電気回路《でんきかいろ》が一《ひと》つにまとめられているのが特《とく》ちょうだ。見《み》たことがないって？　いやいや、実《じつ》はパソコンなど、身《み》近《ぢか》なものに使《つか》われておるのだ。

日本の産業《さんぎょう》を支《ささ》えている、中心的《ちゅうしんてき》な品物《しなもの》のことを、**産業《さんぎょう》の米《こめ》**とい

うのだが、現在《げんざい》はIC《アイシー》が産業《さんぎょう》の米《こめ》と呼《よ》ばれておるようだな。

　より小《ちい》さく軽《かる》いパソコンにスマートフォン、家《か》庭用《ていよう》ロボット……電子工《でんしこう》業《ぎょう》の可能性《かのうせい》は無限大《むげんだい》だ！

第二次世界大戦後すぐは鉄が「産業の米」だったらしいよ

電子工業が発展すれば地球人ももっと宇宙進出してくるかもしれないわね～

ハイテク！
二人はこれ使えるの？
ふる
ふる
08:00

【25】ほかにも作《つく》っているものはあるの？

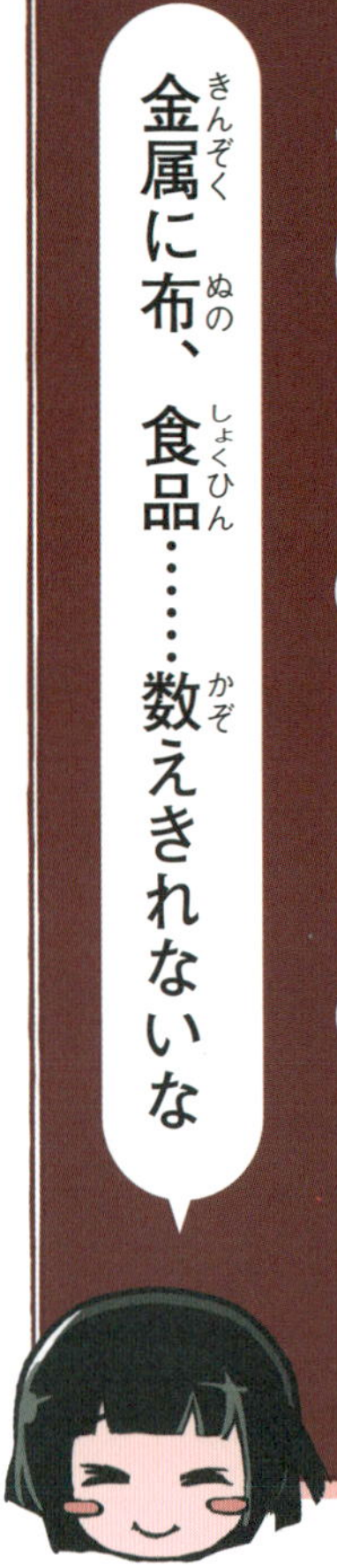

日本のものづくり、つまり工業《こうぎょう》は、大《おお》きく二《ふた》つに分《わ》かれておる。一《ひと》つは、金属《きんぞく》や石油《せきゆ》など、大《おお》きな設備《せつび》で重量《じゅうりょう》の大《おお》きい製品《せいひん》を作《つく》る**重化《じゅうか》学工業《がくこうぎょう》**。もう一《ひと》つは、日常的《にちじょうてき》に使《つか》われる軽《かる》いものを作《つく》る**軽工業《けいこうぎょう》**だ。先《さき》ほど説明《せつめい》した**機械工業《きかいこうぎょう》**は、鉄《てつ》が主《おも》な材料《ざいりょう》になるため、重化学工業《じゅうかがくこうぎょう》にふくまれる。

重化学工業《じゅうかがくこうぎょう》にはほかに、金属製品《きんぞくせいひん》を作《つく》る**金属工業《きんぞくこうぎょう》**、石油《せきゆ》を使《つか》ってゴムやプラスチック、化学《かがく》せんい（布《ぬの》の材料《ざいりょう》になる人工的《じんこうてき》な素材《そざい》で

軽工業

はたおり
とう芸
ぐるぐるぐる…
わしらにはこっちが向いとるの
でも機械は使えないんだ…
軽工業も機械化しているのに

作《つく》られたひもや糸《いと》）を作《つく》る**化学《かがく》工業《こうぎょう》**がある。

一方《いっぽう》、軽工業《けいこうぎょう》と呼《よ》ばれるのは、布《ぬの》などの織物《おりもの》を作《つく》る**せんい工業《こうぎょう》**と、野菜《やさい》や肉《にく》、魚《さかな》などの食《た》べ物《もの》を調理《ちょうり》・加工《かこう》する**食料品工業《しょくりょうひんこうぎょう》**、ねんどなどでセメントや陶磁器《とうじき》を作《つく》る**よう業《ぎょう》**などだな。

紙や印刷、木工も
軽工業にふくまれる
らしいわ

第二次世界大戦前は
軽工業のほうが
さかんだったんだって

【26】工業《こうぎょう》がさかんなのは、日本のどの地域《ちいき》？

太平洋《たいへいよう》ベルトを覚《おぼ》えておいて！

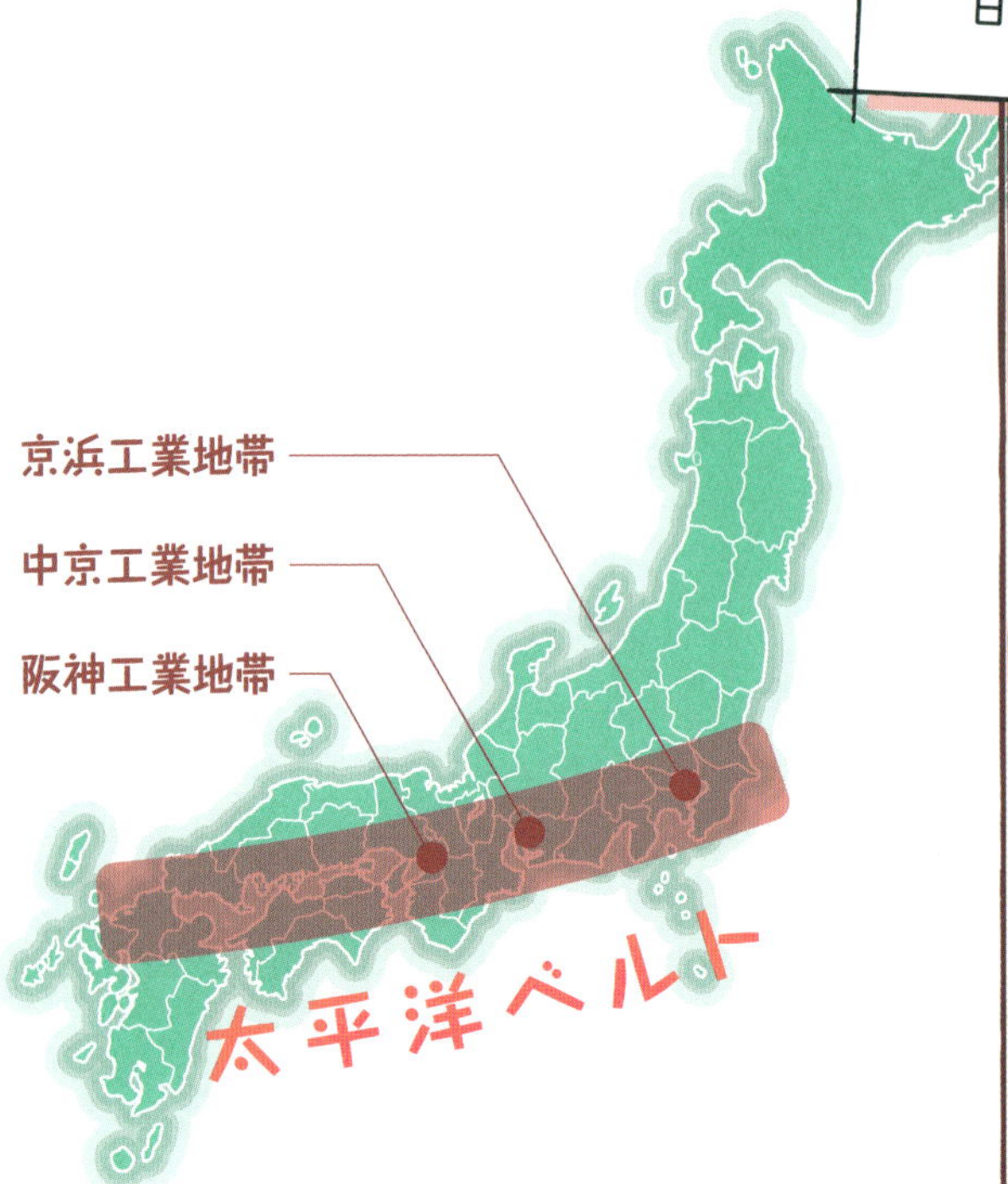
京浜工業地帯
中京工業地帯
阪神工業地帯
太平洋ベルト

工業《こうぎょう》が栄《さか》えているのは、関東地《かんとうち》方《ほう》の南側《みなみがわ》から九州地方《きゅうしゅうちほう》の北側《きたがわ》までの海岸《かいがん》ぞいの地域《ちいき》だね。つなげると帯《おび》みたいな形《かたち》になるから、**太平《たいへい》洋《よう》ベルト**って呼《よ》ばれてるよ。この場所《ばしょ》で、日本の工業製品《こうぎょうせいひん》の約半分《やくはんぶん》が作《つく》られているんだって！

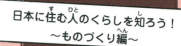

なかでも、京浜《けいひん》・中京《ちゅうきょう》・阪神《はんしん》という3つの工業地帯《こうぎょうちたい》は三大工業地《さんだいこうぎょうち》帯《たい》というんだよ。人《ひと》が多《おお》い場所《ばしょ》ほど、たくさんのものが必要《ひつよう》となるでしょう？　この3つの地域《ちいき》が発展《はってん》したのも、それぞれに東京《とうきょう》・名《な》古屋《ごや》・大阪《おおさか》という大都市《だいとし》があるおかげだね。

ただ、1970年代《ねんだい》くらいからは、工場《こうじょう》を建《た》てる土地《とち》不足《ぶそく》や交通渋滞《こうつうじゅうたい》が問題《もんだい》となって、まわりに新《あたら》しい工業《こうぎょう》地域《ちいき》が作《つく》られはじめたんだ。

工業地帯はほとんど海の近くにあるんだね

何か理由があるのかしら？

ほんとにベルトなのね
パシャ
パシャ
覚えやすくていいね！

【27】海《うみ》の近《ちか》くに工業地帯《こうぎょうちたい》が多《おお》いのはなぜ？

それはね、**貿易《ぼうえき》（外国《がいこく》との商品《しょうひん》の売《う》り買《か》い）や製品《せいひん》の運搬《うんぱん》をしやすくするため**なんだ。

日本はものづくりは得意《とくい》なんだけれど、石油《せきゆ》や石炭《せきたん》、金属《きんぞく》の原料《げんりょう》となる鉄鉱石《てっこうせき》など、材料《ざいりょう》がとれる場所《ばしょ》がほとんどないんだよ。だから、材料《ざいりょう》を輸入《ゆにゅう》して、作《つく》ったものを輸出《ゆしゅつ》（外国《がいこく》にものを売《う》ること）する、**加工貿易《かこうぼうえき》**がさかんなんだ。相手《あいて》は主《おも》に、中国《ちゅうごく》をはじめとするアジアと、アメリカ合衆国《がっしゅうこく》だよ。

海《うみ》の近《ちか》くに工業地帯《こうぎょうちたい》が多《おお》いのは、**石油《せきゆ》や自動車《じどうしゃ》など、重《おも》いものを運《はこ》ぶときには船《ふね》を使《つか》うから。**IC《アイシー》などの軽《かる》いものは、航空機《こうくうき》やトラックで運《はこ》べるから、陸側《りくがわ》でも作《つく》られているよ。

重いものを飛行機で運ぶのは難しいんだね

これだけたくさんのものを作る日本には大工場がたくさんありそうだけど…

【28】

日本には大《おお》きな工場《こうじょう》がたくさんありそうだけど…

99％が中小工場《ちゅうしょうこうじょう》だ

大工場《だいこうじょう》とは、300人《にん》以上《いじょう》が働《はたら》く工場《こうじょう》のことだが、実《じつ》は**日本の工場《こうじょう》の99％は、従業員《じゅうぎょういん》が300人《にん》未満《みまん》の中工場《ちゅうこうじょう》か、30人《にん》未満《みまん》の小工場《しょうこうじょう》**だ。中小工場《ちゅうしょうこうじょう》は人数《にんずう》が少《すく》ない分《ぶん》、使《つか》えるお金《かね》も機械《きかい》も限《かぎ》られているから、あまり大《おお》きなものは作《つく》れないし、一《ひと》つのものを作《つく》るのに時間《じかん》がかかる。１％しかない大工場《だいこうじょう》と、99％をしめる中小工場《ちゅうしょうこうじょう》が1年《ねん》でかせぐ金額《きんがく》がほぼ同《おな》じといったら、みんなびっくりするだろうな。

だけど、中小工場《ちゅうしょうこうじょう》も負《ま》けちゃいない。大《おお》きな会社《かいしゃ》に「この部品《ぶひん》を

まいど
わー
…
まいど1号を取材に行きたいわ！
ほかの中小企業の話も聞きたい！
宇宙人と妖怪からの取材…
受けてくれるかな…

うちの商品《しょうひん》に使《つか》いたい！」と思《おも》ってもらえるような製品《せいひん》を作《つく》ろうと、日々《ひび》努力《どりょく》しているのだ。自分《じぶん》たちにしかできない専門《せんもん》技術《ぎじゅつ》や、細《こま》かい手《て》作業《さぎょう》を武器《ぶき》に、世界《せかい》進出《しんしゅつ》を果《は》たしている工場《こうじょう》もある。

そういえば、大阪府《おおさかふ》・東大阪市《ひがしおおさかし》では、中小工場《ちゅうしょうこうじょう》がＪＡＸＡ《ジャクサ》※と協力《きょうりょく》し「まいど1号《ごう》」という人工衛星《じんこうえいせい》を作《つく》り上《あ》げたことで話題《わだい》になったのう。

力を合わせて大きいものを作るってすごい！

部品がないと自動車だってロボットだって作れないものね〜

※「宇宙航空研究開発機構」の略。日本の宇宙開発を任されている。

【29】ずばり、日本の工業《こうぎょう》の問題点《もんだいてん》は何《なん》ですか？①

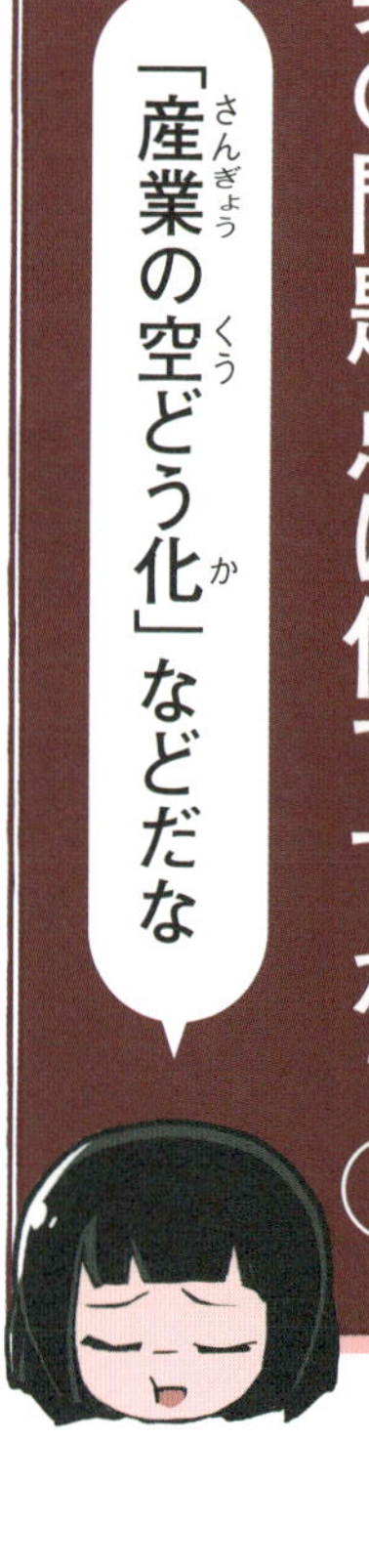

中小工場《ちゅうしょうこうじょう》の話《はなし》と関係《かんけい》するのだが、ここのところ、大《おお》きな工場《こうじょう》を外国《がいこく》へ引《ひ》っこしさせる会社《かいしゃ》が増《ふ》えている。安《やす》い賃金《ちんぎん》で人《ひと》をやとうことができる、外国《がいこく》で自分《じぶん》の会社《かいしゃ》の製品《せいひん》の知名度《ちめいど》をアップさせられるなどのメリットがあるからだ。

困《こま》るのは、大工場《だいこうじょう》と協力関係《きょうりょくかんけい》にあった中小工場《ちゅうしょうこうじょう》だ。複数《ふくすう》の会社《かいしゃ》と取引《とりひき》がある場合《ばあい》はいいが、そうでない工場《こうじょう》は、仕事《しごと》がなくなり、経《けい》営《えい》が苦《くる》しくなってしまう。ただでさえ、大工場《だいこうじょう》に比《くら》べてもうけが少《すく》ない中小工場《ちゅうしょうこうじょう》。給料《きゅうりょう》（賃金《ちんぎん》）が減《へ》ったり、最悪《さいあく》の場合《ばあい》は会社《かいしゃ》が倒産《とうさん》したりしてしまうこともある。

日本で機械製品《きかいせいひん》などを作《つく》る力《ちから》が弱《よわ》まる、**産業《さんぎょう》の空《くう》どう化《か》**という現象《げんしょう》も問題《もんだい》とされているぞ。

せっかく日本は
すごい力を持っているのに…

だから中小工場は
より質の高い製品を
作ろうとしているのね

【30】ずばり、日本の工業《こうぎょう》の問題点《もんだいてん》は何《なん》ですか？②

公害問題《こうがいもんだい》も見《み》のがせないよね

工場《こうじょう》が製品《せいひん》を作《つく》るとき、空気《くうき》や水《みず》をよごしたり、がまんできないくらい大《おお》きな音《おと》をたてたり……と、まわりに住《す》む人々《ひとびと》に迷惑《めいわく》をかけてしまうことがある。これを**公害《こうがい》**というんだ。

一番大《いちばんおお》きな被害《ひがい》が出《で》たのは、１９６０年代頃《ねんだいごろ》。みんなが「工業《こうぎょう》の発展《はってん》」のためにがんばっていたとき、太平洋《たいへいよう》ベルトのまわりでは、多《おお》くの人《ひと》がぜんそくにかかったそうだよ。

三重県《みえけん》で発生《はっせい》した、亜硫酸《ありゅうさん》ガスが原因《げんいん》の**四日市《よっかいち》ぜんそく**、熊本県《くまもとけん》、

新潟県《にいがたけん》で起《お》きた、有機水銀《ゆうきすいぎん》が原因《げんいん》の**水俣病《みなまたびょう》**と**新潟水俣病《にいがたみなまたびょう》**、富山県《とやまけん》で起《お》きたカドミウムによる**イタイイタイ病《びょう》**。これらは、**四大公害病《よんだいこうがいびょう》**と呼《よ》ばれていて、たくさんの人《ひと》が苦《くる》しんだんだ。

こうした出来事《できごと》を二度《にど》と起《お》こさないように、日本は１９７１年《ねん》に環境庁《かんきょうちょう》（現在《げんざい》の環境省《かんきょうしょう》）を作《つく》ったんだよ。

健康や環境より工業発展が優先されていたのね

今は、害をおよぼすものを工場で処理する技術が発達したんだって

世界《せかい》で認《みと》められました！
日本《にほん》の伝統工芸品《でんとうこうげいひん》

ちりことくにおの 取材《しゅざい》メモ 8

日本には
無形文化遺産《むけいぶんかいさん》に
選《えら》ばれた工芸品《こうげいひん》が
3つもあるよ！

無形文化遺産《むけいぶんかいさん》とは？

建物《たてもの》や自然《しぜん》など、形《かたち》あるものを保護《ほご》する「世界遺産《せかいいさん》」に対《たい》して、民族音楽《みんぞくおんがく》やダンス、知識《ちしき》、ものづくりの技術《ぎじゅつ》など、形《かたち》のないものを保《ほ》護《ご》する取《と》り組《く》みを「無形文化《むけいぶんか》遺《い》産《さん》」といいます。ここで紹介《しょうかい》するのは、「保護《ほご》すべきものづくり」として無形文化遺産《むけいぶんかいさん》に登録《とうろく》された日本の工芸品《こうげいひん》です。

無形文化遺産《むけいぶんかいさん》　その1

小千谷縮《おぢやちぢみ》・越後上布《えちごじょうふ》（新潟県《にいがたけん》）

写真：小千谷市教育委員会提供

からむしという麻《あさ》を使《つか》った織物《おりもの》で、まっすぐな糸《いと》で織《お》ったものを越後上布《えちごじょうふ》、しわがよった糸《いと》で織《お》ったものを小千谷縮《おぢやちぢみ》といいます。「からむしを手《て》うみ（せんいをつめて細《こま》かくさき、手《て》で糸《いと》にする）する」「雪《ゆき》の上《うえ》で布《ぬの》をさらす」など、独自《どくじ》の作《つく》り方《かた》をします。

無形文化遺産《むけいぶんかいさん》　その2

結城紬《ゆうきつむぎ》（栃木県《とちぎけん》・茨城県《いばらきけん》）

写真：結城市役所提供

日本で一番古《いちばんふる》い高級絹織物《こうきゅうきぬおりもの》です。糸《いと》を作《つく》るのに2～3か月《げつ》、大人《おとな》の着《き》物《もの》1枚分《まいぶん》の布《ぬの》を織《お》るのに1か月《げつ》～1年《ねん》と、長《なが》い時間《じかん》がかかります。柄《がら》の部分《ぶぶん》に使《つか》う絹糸《きぬいと》にすみをつけ、そこに手《て》と口《くち》で綿糸《めんし》をしばってから染《そ》めるという方法《ほうほう》で模様《もよう》をつけます。

無形文化遺産《むけいぶんかいさん》　その3

和紙《わし》：日本の手漉和紙技術《てすきわしぎじゅつ》（島根県《しまねけん》、岐阜県《ぎふけん》、埼玉県《さいたまけん》）

無形文化遺産《むけいぶんかいさん》に登録《とうろく》された和紙《わし》は「石州半紙《せきしゅうばんし》」「本美濃紙《ほんみのし》」「細川紙《ほそかわし》」の3種類《しゅるい》だけ。こうぞという植物《しょくぶつ》のせんいと、すんだ川《かわ》の水《みず》から作《つく》られています。また、型《かた》に入《い》れた材料《ざいりょう》をつねにゆり動《うご》かす「流《なが》しすき」というすき方《かた》が特《とく》ちょうです。

手間《てま》がかかる分《ぶん》、美《うつく》しくて丈夫《じょうぶ》なものが作《つく》れるんだね
結城紬《ゆうきつむぎ》の着物《きもの》、私《わたし》も欲《ほ》しい～！

重要《じゅうよう》ワードを探《さが》し出《だ》せ！

きゃっ！　この文章《ぶんしょう》どうしたの!?　怪奇現象《かいきげんしょう》？

タブレットに文字《もじ》をうちこみながら寝《ね》ちゃって…。
いっしょにもとの言葉《ことば》を探《さが》して～！

★ミッション！

ワード1 ～ ワード6 を表《あらわ》す言葉《ことば》を、〈くにおのタブレット画面《がめん》〉から探《さが》しましょう。探《さが》し方《かた》は下《した》を参照《さんしょう》してね。

ぎ	ぬ	あ
さ	よ	い
う	ね	こ

（1）左《ひだり》の列《れつ》を下《した》から読《よ》むと「うさぎ」が、一番下《いちばんした》の行《ぎょう》に「ねこ」がいるね

ぎ	ぬ	あ
さ	よ	い
う	ね	こ

（2）ななめに探《さが》してもOK！　「いぬ」がいるよ

ワード1 日本の産業《さんぎょう》の中心《ちゅうしん》となる品物《しなもの》のこと。

ワード2 関東地方《かんとうちほう》の南《みなみ》から九州地方《きゅうしゅうちほう》の北《きた》までの海岸《かいがん》ぞいにある、工業《こうぎょう》がさかんな場所《ばしょ》。

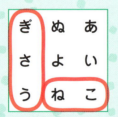

ワード3 京浜《けいひん》・中京《ちゅうきょう》・阪神《はんしん》。3つ合《あ》わせて？

ワード4 材料《ざいりょう》を外国《がいこく》から仕入《しい》れ、作《つく》ったものを外国《がいこく》へ売《う》ること。

ワード5 大阪府《おおさかふ》の中小工場《ちゅうしょうこうじょう》がＪＡＸＡ《ジャクサ》と協力《きょうりょく》して作《つく》った人工衛星《じんこうえいせい》。

ワード6 工場《こうじょう》がものを作《つく》るとき、周囲《しゅうい》にかける迷惑《めいわく》のことをまとめて何《なん》という？

くにおのタブレット画面《がめん》

水	地	帯	空	豆	シ	カ
易	産	地	の	ま	ま	バ
ハ	貿	業	業	ん	い	ン
チ	産	工	の	ほ	ど	C
公	害	大	加	米	1	D
園	よ	三	籐	麦	号	2
ら	太	平	洋	ベ	ル	ト

答《こた》えは100ページに！

クイズの答《こた》え

水	地	帯	空	豆	シ	カ
易	産	地	の	ま	ま	バ
ハ	貿	業	業	ん	い	ン
チ	産	工	の	ほ	ど	C
公	害	大	加	米	1	D
園	よ	三	籐	麦	号	2
ら	太	平	洋	ベ	ル	ト

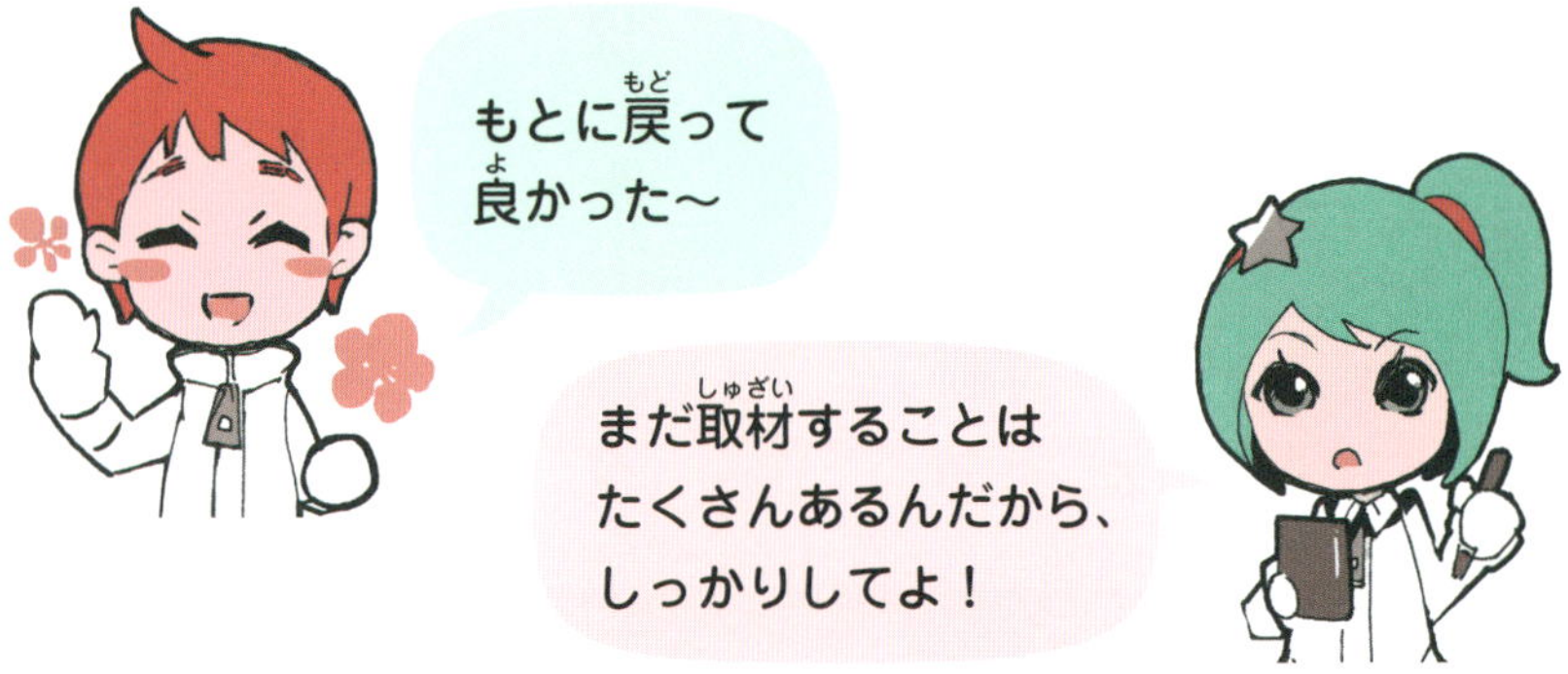
もとに戻《もど》って良《よ》かった〜
まだ取材《しゅざい》することはたくさんあるんだから、しっかりしてよ！

日本の見《み》どころ教《おし》えてください！

ここからは、47都道府県《とどうふけん》の
それぞれの特《とく》ちょうを紹介《しょうかい》するよ。
同《おな》じ日本でも、
土地《とち》の形《かたち》やさかんな産業《さんぎょう》が
まったくちがうからおもしろい！
きみはどこへ行《い》ってみたい？

眺《なが》めてみよう！ 日本地図《ちず》

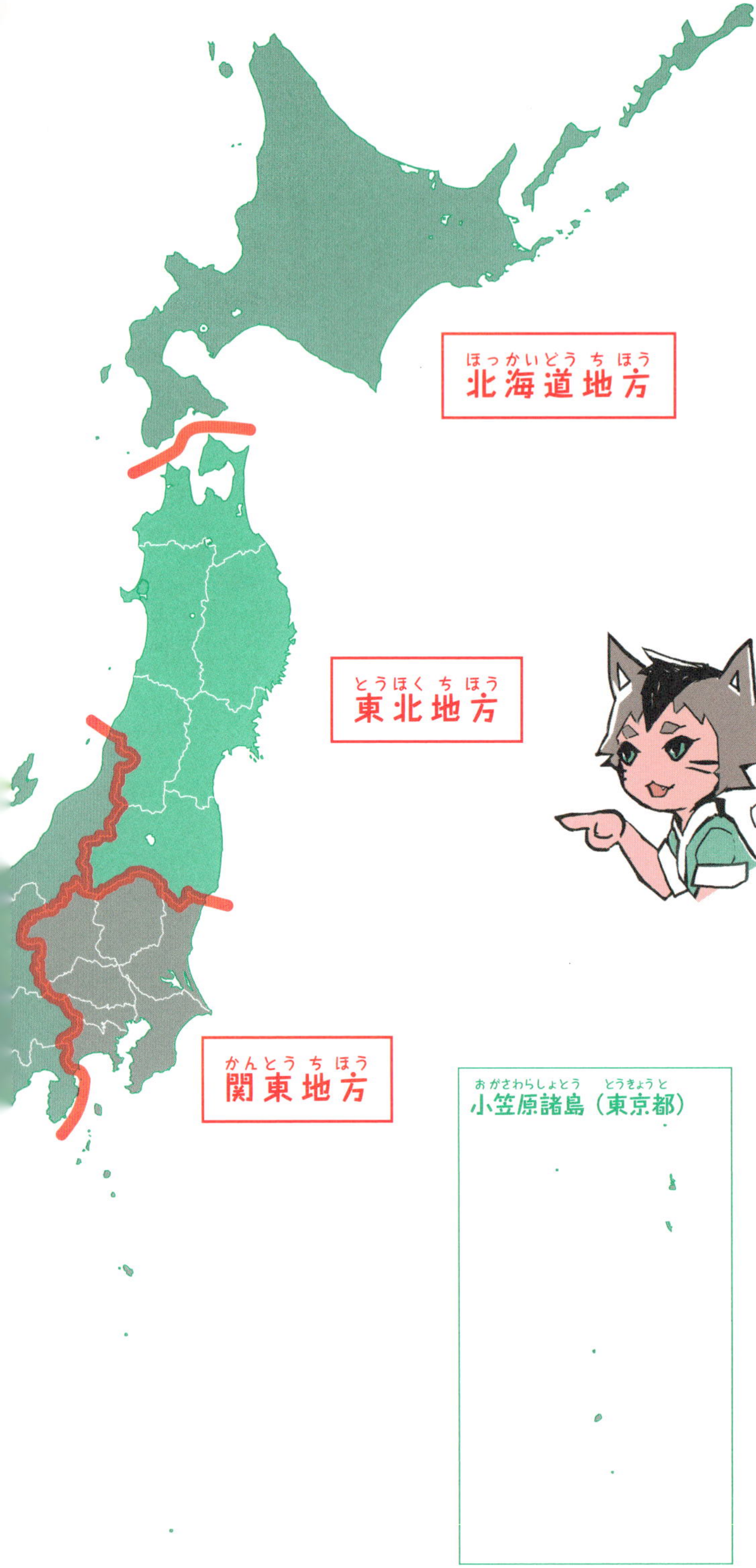

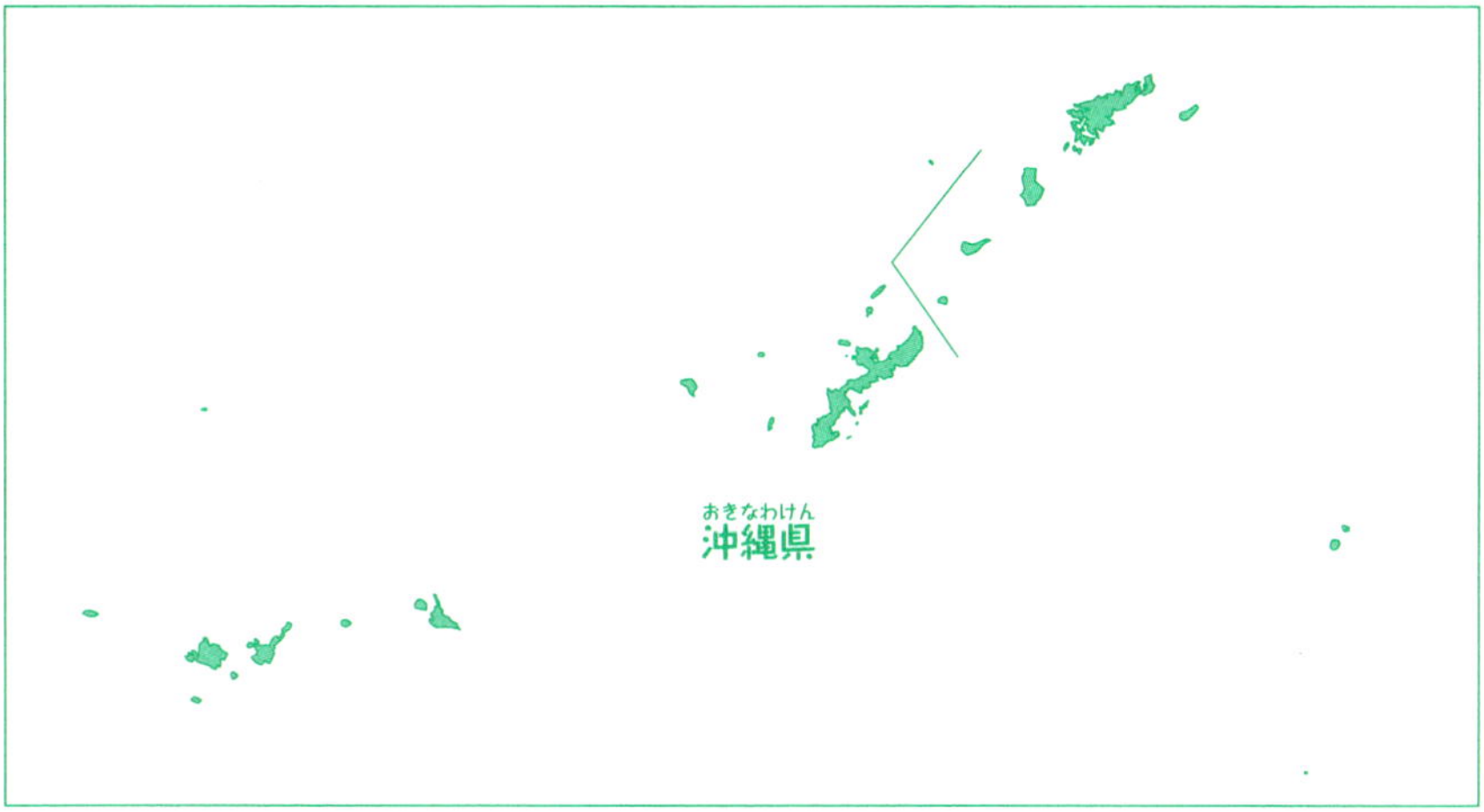

沖縄県《おきなわけん》

中《ちゅう》部《ぶ》地《ち》方《ほう》
中《ちゅう》国《ごく》地《ち》方《ほう》
近《きん》畿《き》地《ち》方《ほう》
四《し》国《こく》地《ち》方《ほう》
九《きゅう》州《しゅう》地《ち》方《ほう》

じっくり見《み》よう！ 日本の地方《ちほう》&都道府県《とどうふけん》

北海道地方《ほっかいどうちほう》

北海道《ほっかいどう》

東北地方《とうほくちほう》

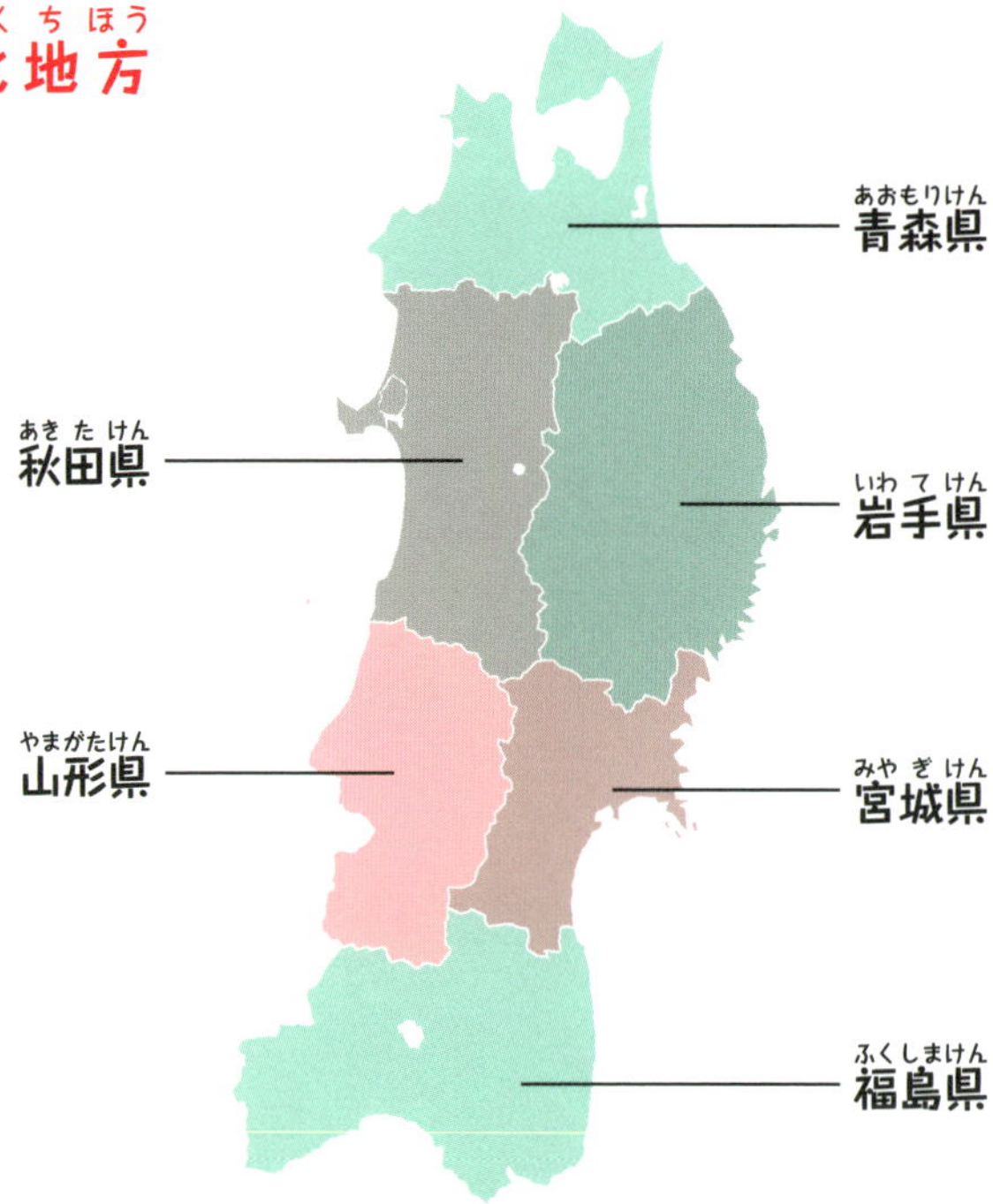
青森県《あおもりけん》
秋田県《あきたけん》
岩手県《いわてけん》
山形県《やまがたけん》
宮城県《みやぎけん》
福島県《ふくしまけん》

中《ちゅう》部《ぶ》地《ち》方《ほう》

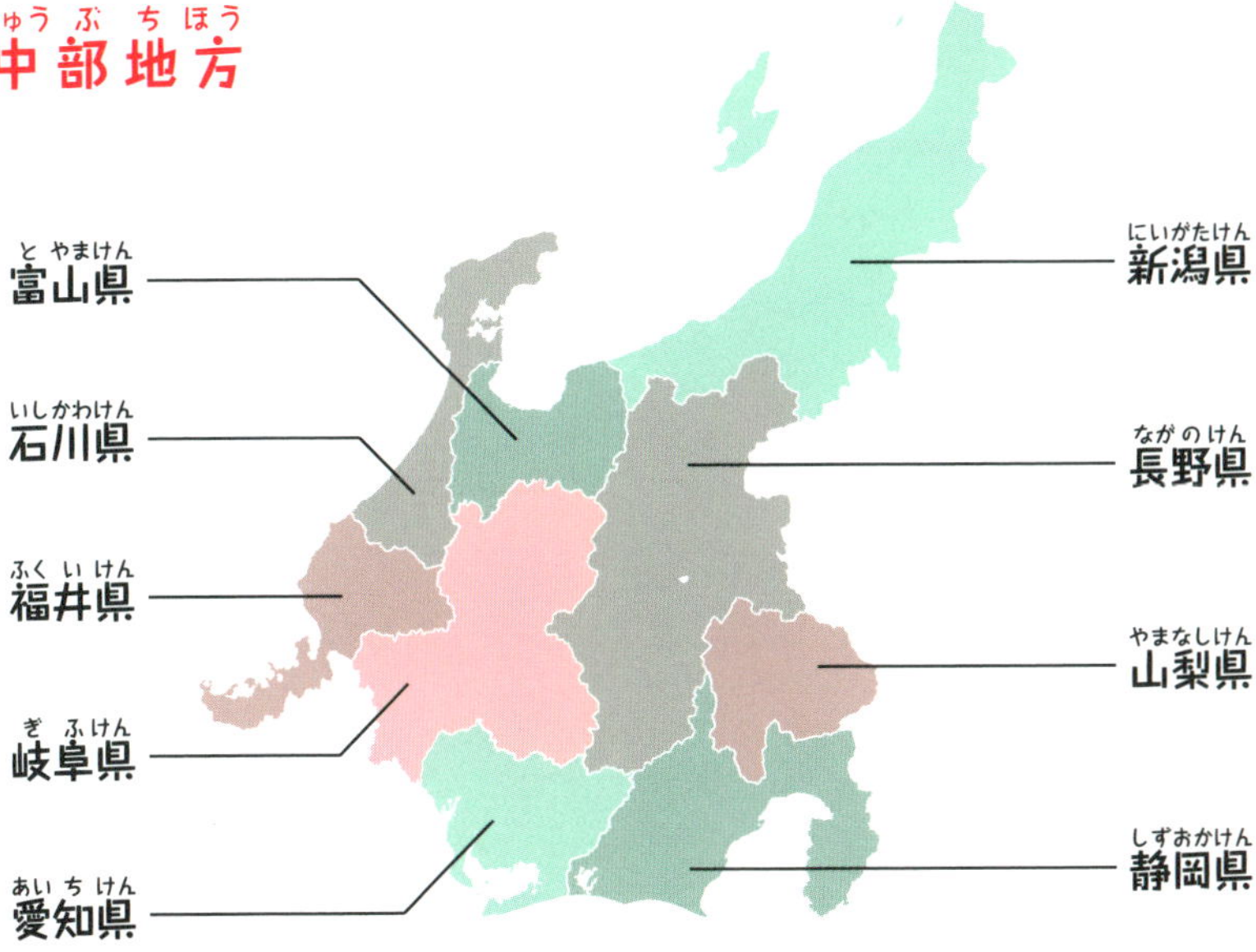

関《かん》東《とう》地《ち》方《ほう》

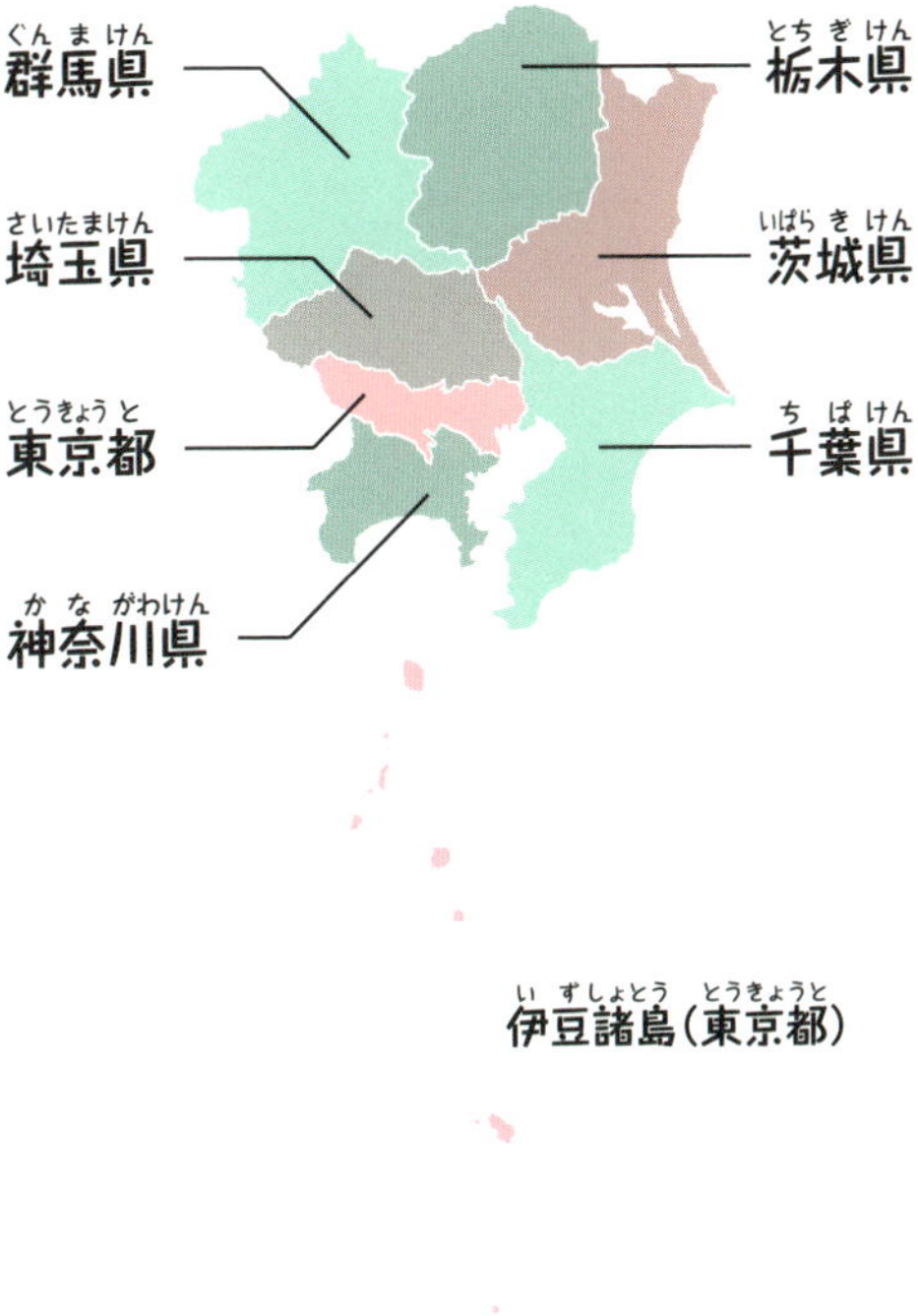

近畿《きんき》地方《ちほう》

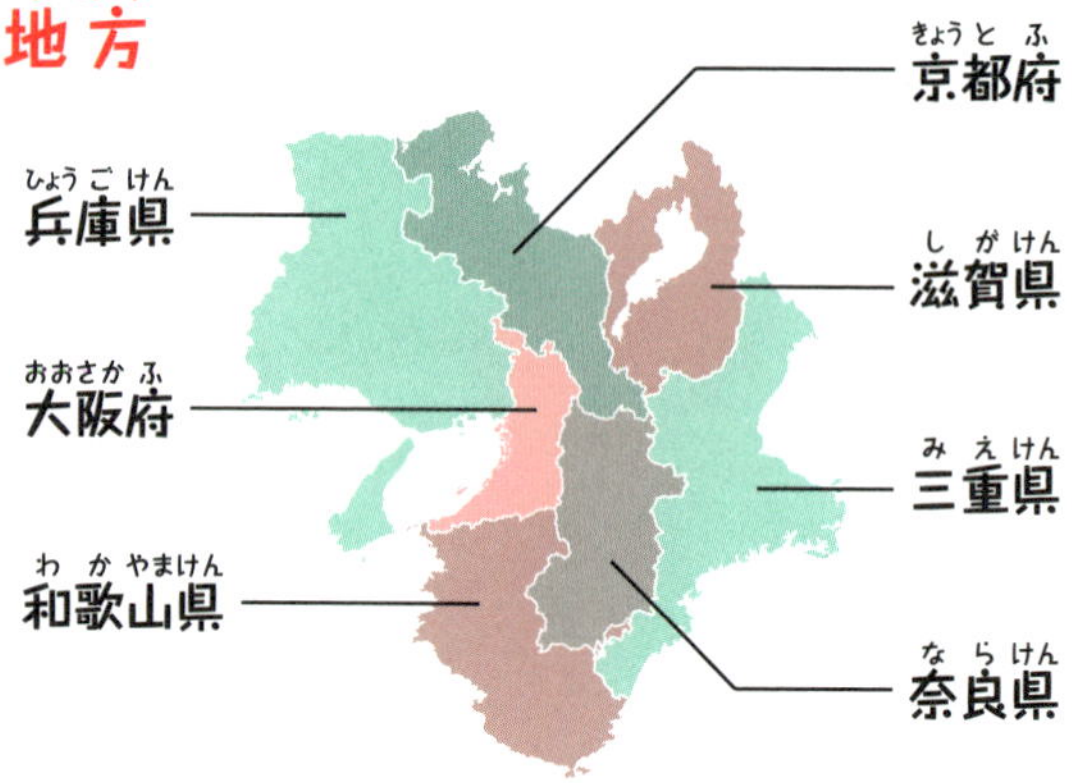

中国《ちゅうごく》地方《ちほう》

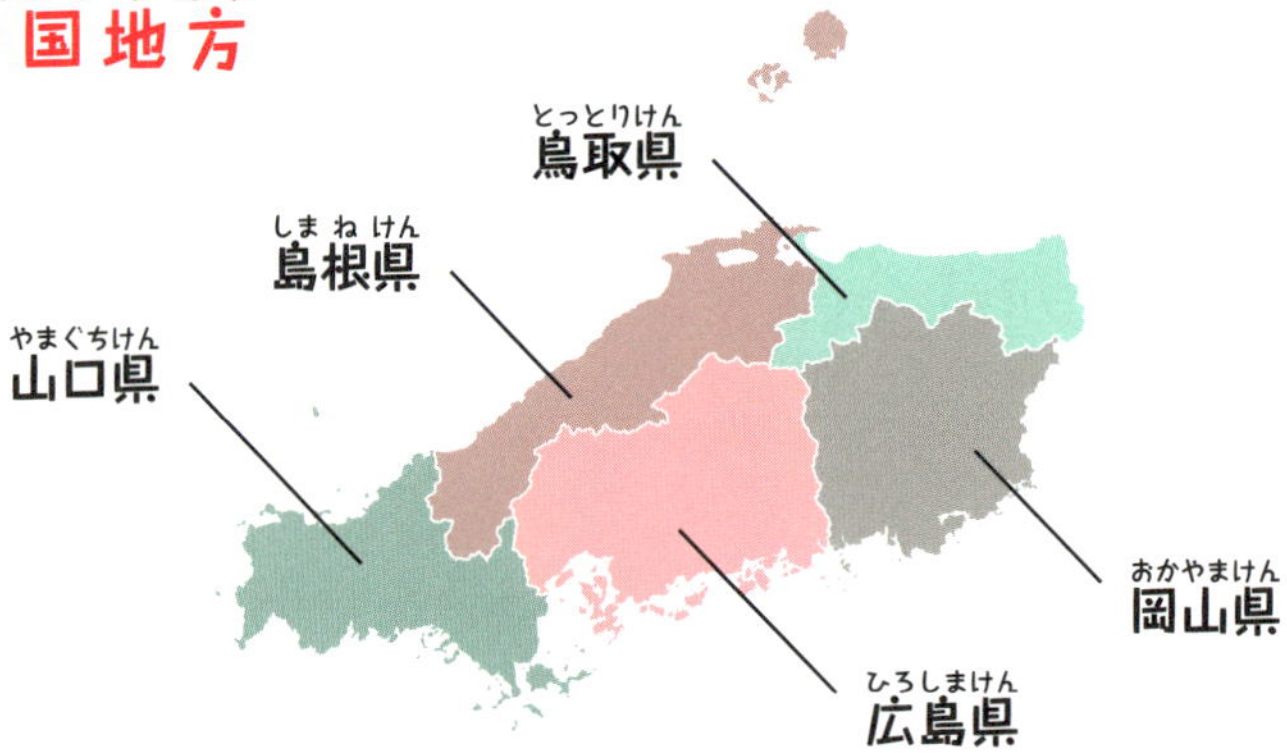

四国《しこく》地方《ちほう》

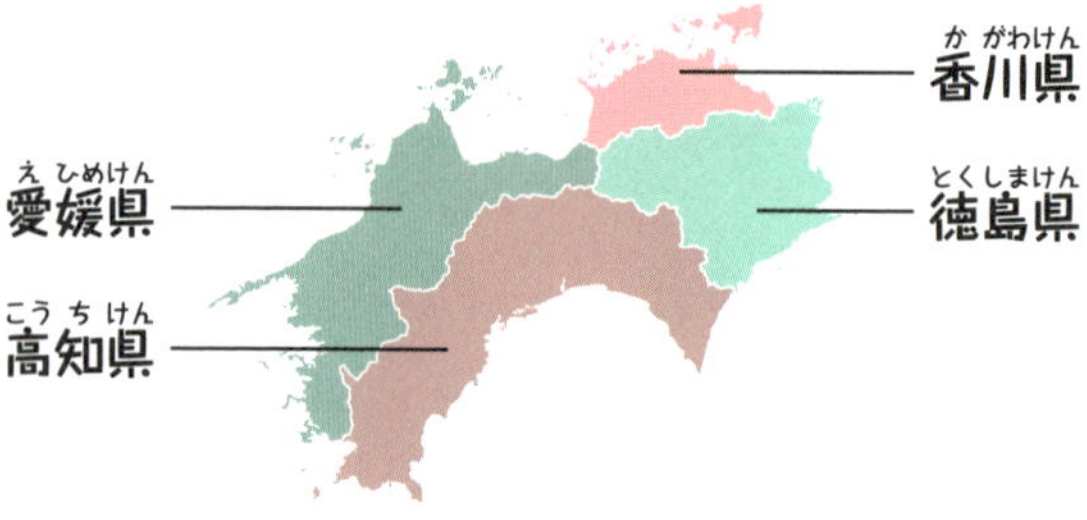

九州地方《きゅうしゅうちほう》

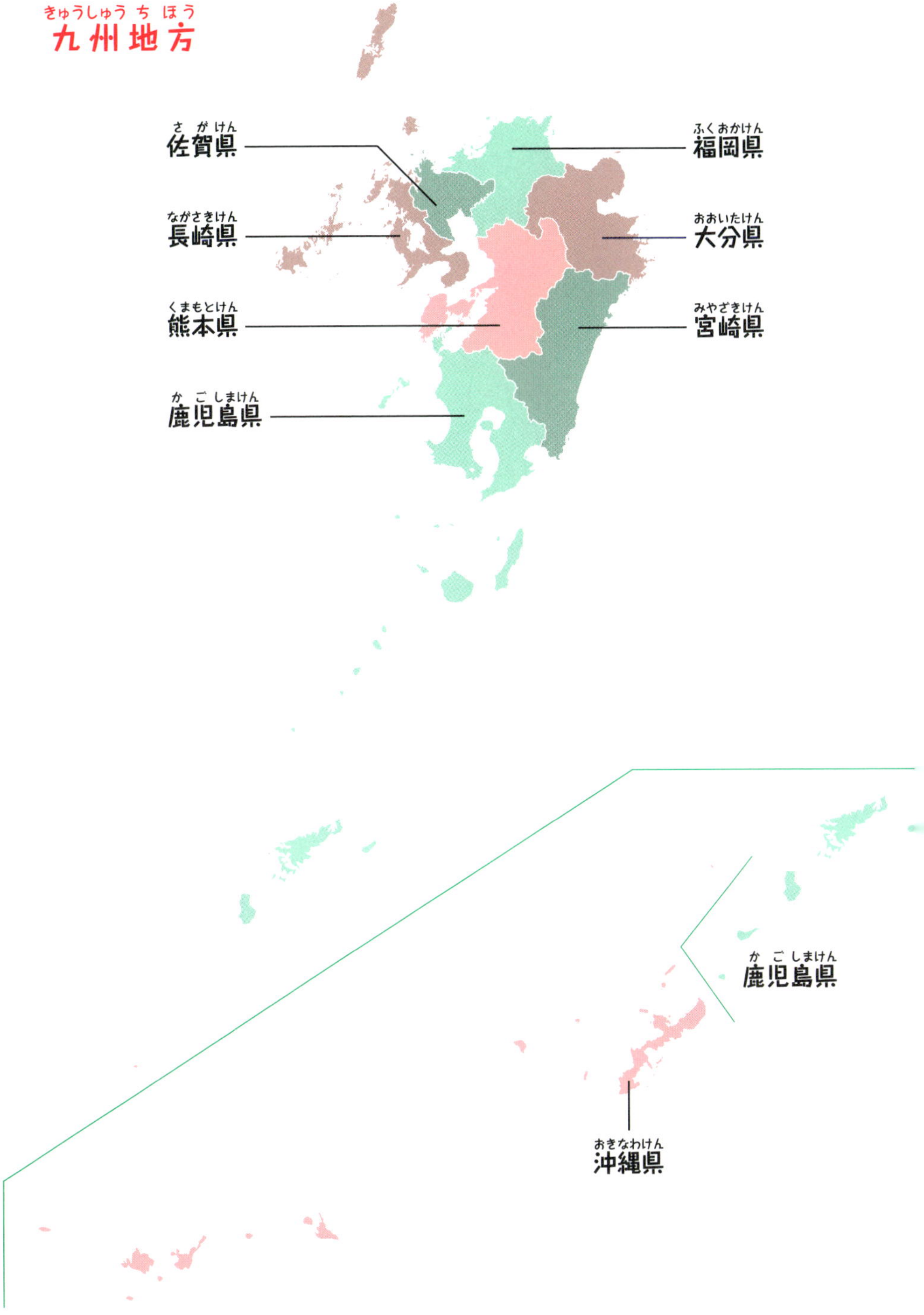

【31】日本のおすすめ観光《かんこう》スポット、教《おし》えて！

世界自然遺産《せかいしぜんいさん》を見《み》に行《い》ってみて

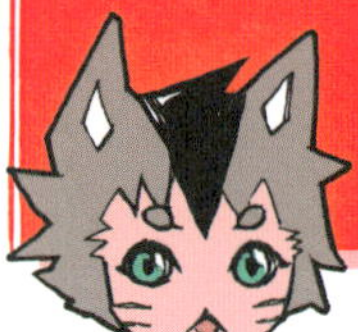

世界《せかい》から「この自然《しぜん》を未来《みらい》に残《のこ》そう！」と認《みと》められた場所《ばしょ》を、**世《せ》界《かい》自然遺産《しぜんいさん》**というよ。日本には※1 4つの自然遺産《しぜんいさん》があるんだ！

一《ひと》つ目《め》は**鹿児島県《かごしまけん》の屋久島《やくしま》**。樹齢《じゅれい》（木《き》の年齢《ねんれい》のこと）1000年《ねん》以上《いじょう》の屋久杉《やくすぎ》がたくさん残《のこ》されている島《しま》なんだ。特《とく》に、※2樹齢《じゅれい》6000年《ねん》以上《いじょう》ともいわれる縄文杉《じょうもんすぎ》が有名《ゆうめい》！　二《ふた》つ目《め》は**青森県《あおもりけん》から秋田県《あきたけん》にかけて広《ひろ》がる白神山地《しらかみさんち》**。世界《せかい》でトップクラスの広《ひろ》さのブナの林《はやし》があるんだよ。人《ひと》の影響《えいきょう》をほとんど受《う》けていない、珍《めずら》しい林《はやし》なんだって。

３つ目《め》は、流氷《りゅうひょう》に囲《かこ》まれた**北海道《ほっかいどう》の知床《しれとこ》**。陸上《りくじょう》や海中《かいちゅう》にすむ大型《おおがた》の哺乳類《ほにゅうるい》や海鳥《かいちょう》など絶滅危惧種《ぜつめつきぐしゅ》の動物《どうぶつ》たちが数多《かずおお》くくらしている半島《はんとう》なんだ。最後《さいご》は**東京都《とうきょうと》の小笠《おがさ》原諸島《わらしょとう》**。南北《なんぼく》400㎞にわたって大小《だいしょう》30の島《しま》が散《ち》らばっているよ。それぞれの島《しま》に特《とく》ちょう的《てき》な生態系《せいたいけい》があって、珍《めずら》しい生《い》き物《もの》がくらしているんだ。

どう？　行《い》きたいって思《おも》う場所《ばしょ》はあったかな？

文化遺産は18か所[※1]あるそうよ　取材しましょ！

日本には「自然遺産」と「文化遺産」2種類の世界遺産があるらしいよ

※1 2019年3月15日現在。　※2 樹齢2000～7000年まで様々な説がある。

すべての場所《ばしょ》をたずねてみたい！
日本の文化遺産《ぶんかいさん》

ちりことくにおの
取材《しゅざい》メモ 9

文化遺産《ぶんかいさん》も自然遺産《しぜんいさん》も同《おな》じ「世界遺産《せかいいさん》」だけれどどうちがうの？

自然遺産《しぜんいさん》は自然《しぜん》そのものが残《のこ》っている場所《ばしょ》のこと。文化遺産《ぶんかいさん》は人《ひと》が作《つく》った遺跡《いせき》や建物《たてもの》、記念物《きねんぶつ》の中《なか》で、未来《みらい》に残《のこ》したいもののことだよ。下《した》の地図《ちず》を見《み》ておくれ。日本のあちこちに文化遺産《ぶんかいさん》が散《ち》らばっていることがわかるだろう。

全部回《ぜんぶまわ》るとなったらすごい時間《じかん》がかかりそう…。ねえ、どんな場所《ばしょ》か教《おし》えて！

日本の文化遺産《ぶんかいさん》の位置《いち》

（データは2019年3月15日現在のものです）

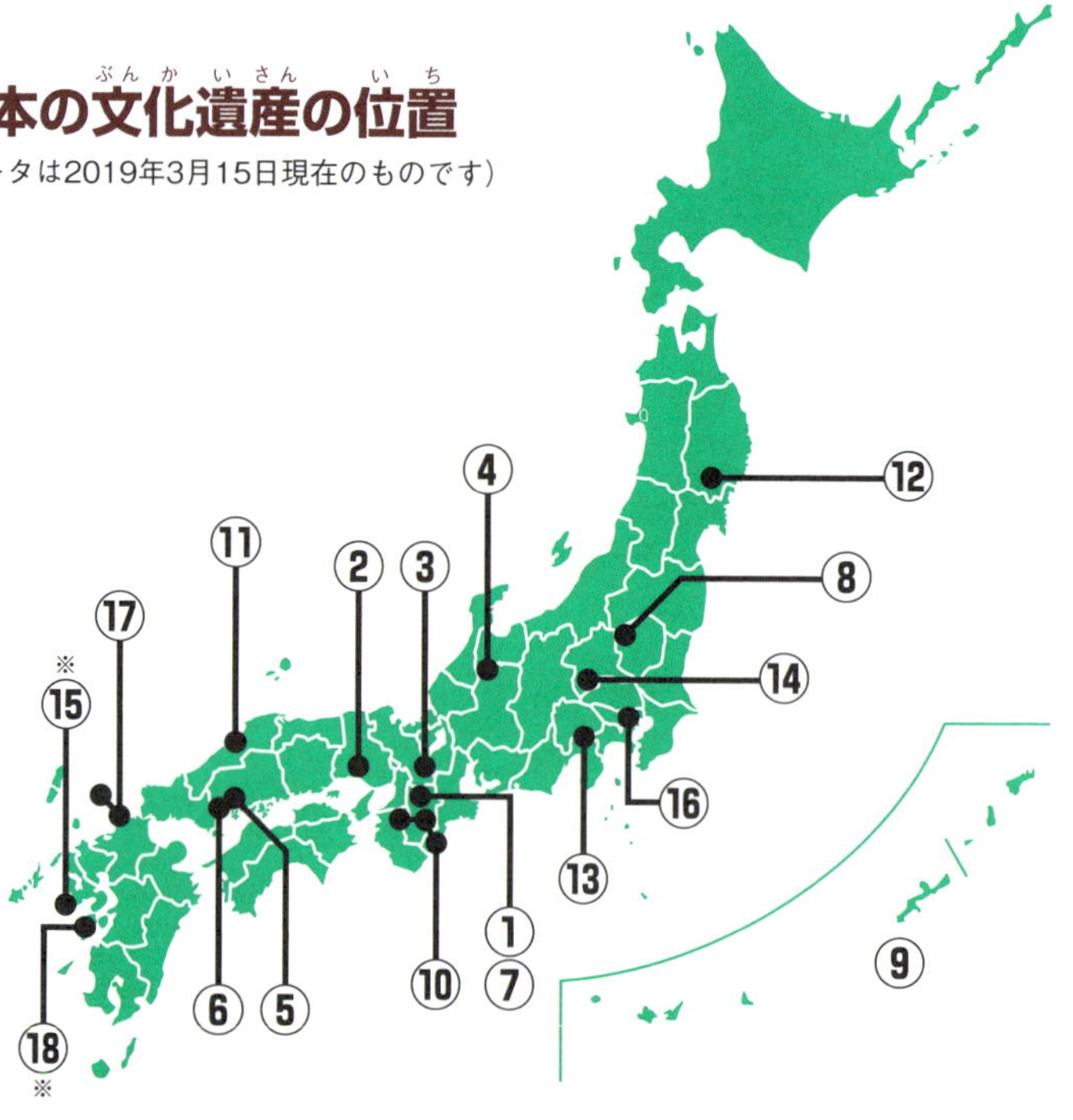

※⑮の位置は長崎県の軍艦島。ほかに、山口県、福岡県、佐賀県、長崎県、熊本県、鹿児島県、岩手県、静岡県の8県に点在。⑱の位置は熊本県天草市。ほか、長崎県に点在。

① 法隆寺地域《ほうりゅうじちいき》の仏教建造物《ぶっきょうけんぞうぶつ》（奈良県《ならけん》）

日本に仏教《ぶっきょう》が伝《つた》わった直後《ちょくご》に建《た》てられた、法隆寺《ほうりゅうじ》にある47の建物《たてもの》と、法起寺《ほうきじ》の三重塔《さんじゅうのとう》を合《あ》わせた48の建造物《けんぞうぶつ》です。すばらしい木造建《もくぞうけん》築《ちく》であり、日本の仏教《ぶっきょう》に強《つよ》い影響《えいきょう》をあたえた場所《ばしょ》です。

（1993年登録《ねんとうろく》）

② 姫路城《ひめじじょう》（兵庫県《ひょうごけん》）

白漆喰《しろしっくい》という上《うわ》ぬり材《ざい》で壁《かべ》を白《しろ》くぬられた、美《うつく》しいお城《しろ》です。白《しら》鷺城《さぎじょう》とも呼《よ》ばれます。現在《げんざい》、日本に残《のこ》されている木造《もくぞう》の城《しろ》の中《なか》でも、最高《さいこう》レベルの技術《ぎじゅつ》を用《もち》いて作《つく》られており、日本100名城《めいじょう》にも選《えら》ばれています。

（1993年登録《ねんとうろく》）

③ 古都京都《ことぎょうと》の文化財《ぶんかざい》（京都府《きょうとふ》・滋賀県《しがけん》）

二《ふた》つの県《けん》（府《ふ》）に点在《てんざい》している、17の建物《たてもの》やお城《しろ》です。すぐれた建《けん》築《ちく》技術《ぎじゅつ》や、庭園《ていえん》をつくる技術《ぎじゅつ》はもちろん、囲碁盤《いごばん》のマス目《め》のように作《つく》られた都市《とし》のデザインなども評《ひょう》価《か》されました。

（1994年登録《ねんとうろく》）

④ 白川郷《しらかわごう》・五箇山《ごかやま》の合掌造《がっしょうづく》り集落《しゅうらく》（岐阜県《ぎふけん》・富山県《とやまけん》）

岐阜県《ぎふけん》の白川郷《しらかわごう》と、富山県《とやまけん》の五《ご》箇山《かやま》にある「合掌造《がっしょうづく》り」の家《いえ》が立《た》ち並《なら》ぶ集落《しゅうらく》です。合掌造《がっしょうづく》りとは、伝統的《でんとうてき》な建築技術《けんちくぎじゅつ》の一《ひと》つ。てっぺんがするどくとがった、かやぶき屋根《やね》が特《とく》ちょうです。

（1995年登録《ねんとうろく》）

⑤ 原爆《げんばく》ドーム（広島県《ひろしまけん》）

原子爆弾《げんしばくだん》による被害《ひがい》や惨劇《さんげき》を忘《わす》れないように、という目的《もくてき》で登録《とうろく》された「負《ふ》の世界遺産《せかいいさん》」。もとは「広島県産業奨励館《ひろしまけんさんぎょうしょうれいかん》」という建物《たてもの》でしたが、爆風《ばくふう》で建物《たてもの》が破壊《はかい》され、ドームの壁《かべ》と骨組《ほねぐ》みだけが残《のこ》されました。

（1996年登録《ねんとうろく》）

⑥ 厳島神社《いつくしまじんじゃ》（広島県《ひろしまけん》）

浜辺《はまべ》から海《うみ》に広《ひろ》がるように建《た》てられている神社《じんじゃ》で、潮《しお》が満《み》ちたときには、まるで建物《たてもの》や鳥居《とりい》が海《うみ》の上《うえ》に浮《う》かんでいるように見《み》えます。老朽化《ろうきゅうか》していた神社《じんじゃ》をこの形《かたち》にしたのは平清盛《たいらのきよもり》です。日本三景《さんけい》の一《ひと》つでもあります。

（1996年登録《ねんとうろく》）

7 古都奈良《ことなら》の文化財《ぶんかざい》（奈良県《ならけん》）

奈良県奈良市《ならけんならし》にあるお寺《てら》や神社《じんじゃ》などがふくまれています。これらの建物《たてもの》は、かつて奈良県《ならけん》に「都《みやこ》（首《しゅ》都《と》）」があったことを証明《しょうめい》しており、当時《とうじ》の日本が中国《ちゅうごく》や朝鮮《ちょうせん》との交流《こうりゅう》によって文化《ぶんか》を発展《はってん》させてきた証《あかし》でもあります。

（１９９８年登録《ねんとうろく》）

8 日光《にっこう》の社寺《しゃじ》（栃木県《とちぎけん》）

徳川家康《とくがわいえやす》がまつられている神社《じんじゃ》「日光東照宮《にっこうとうしょうぐう》」をはじめとした、103の建造物《けんぞうぶつ》と、そのまわりの史跡《しせき》がふくまれます。「二社《しゃ》一寺《じ》」という別名通《べつめいどお》り、「日光二荒山神社《にっこうふたらさんじんじゃ》」「日《にっ》光山輪王寺《こうさんりんのうじ》」を合《あ》わせた合計《ごうけい》３つの寺社《じしゃ》があります。

（１９９９年登録《ねんとうろく》）

9 琉球王国《りゅうきゅうおうこく》のグスク及《およ》び関連《かんれん》遺産群《いさんぐん》（沖縄県《おきなわけん》）

今《いま》の沖縄県《おきなわけん》が琉球王国《りゅうきゅうおうこく》という国《くに》だった頃《ころ》に使《つか》われていた、城《しろ》（グスク）をはじめとする史跡《しせき》を指《さ》しています。現在《げんざい》はなくなってしまった国《くに》・文明《ぶんめい》が存在《そんざい》していた証拠《しょうこ》として貴重《きちょう》なものです。

（２０００年登録《ねんとうろく》）

10 紀伊山地《きいさんち》の霊場《れいじょう》と参詣道《さんけいみち》（和歌山県《わかやまけん》・奈良県《ならけん》・三重県《みえけん》）

霊場《れいじょう》とは、神社《じんじゃ》や寺《てら》にゆかりのある神聖《しんせい》な場所《ばしょ》のことで、参詣道《さんけいみち》とはそこに行《い》くための道《みち》のことをいいます。「吉野《よしの》・大峯《おおみね》」「熊野三《くまのさん》山《ざん》」「高野山《こうやさん》」の３つの霊場《れいじょう》と、３本《ぼん》の参詣道《さんけいみち》が対象《たいしょう》です。

（２００４年登録《ねんとうろく》）

11 石見銀山遺跡《いわみぎんざんいせき》とその文化的《ぶんかてき》景観《けいかん》（島根県《しまねけん》）

戦国時代後期《せんごくじだいこうき》から、江戸時代前《えどじだいぜん》期《き》まで栄《さか》えた銀鉱山《ぎんこうざん》です。ここでとれた銀《ぎん》は世界《せかい》に輸出《ゆしゅつ》されました。当時《とうじ》は銀《ぎん》を掘《ほ》るための機械《きかい》がなかったため、自然《しぜん》を破壊《はかい》せずにすんだ、珍《めずら》しい銀山《ぎんざん》となりました。

（２００７年登録《ねんとうろく》）

12 平泉《ひらいずみ》―仏国土《ぶっこくど》（浄土《じょうど》）を表《あらわ》す建築《けんちく》・庭園及《ていえんおよ》び考古学的遺跡群《こうこがくてきいせきぐん》―（岩手県《いわてけん》）

平安時代後期《へいあんじだいこうき》に作《つく》られた「中尊《ちゅうそん》寺《じ》」など、５か所《しょ》の寺《てら》などを指《さ》します。極楽浄土《ごくらくじょうど》をイメージした庭《てい》園《えん》や、極楽浄土《ごくらくじょうど》からのむかえを待《ま》つ絵《え》など、仏教《ぶっきょう》と深《ふか》く結《むす》びついた遺跡《いせき》が残《のこ》されています。

（２０１１年登録《ねんとうろく》）

13 富士山《ふじさん》―信仰《しんこう》の対象《たいしょう》と芸術《げいじゅつ》の源泉《げんせん》

（静岡県《しずおかけん》・山梨県《やまなしけん》）

山《やま》だけでなく、周囲《しゅうい》の神社《じんじゃ》や登《と》山口《ざんぐち》などもいっしょに登録《とうろく》されています。その壮大《そうだい》な姿《すがた》から、神《かみ》様《さま》の化身《けしん》と考《かんが》えられてきたこと、数々《かずかず》の芸術家《げいじゅつか》の創造力《そうぞうりょく》を刺激《しげき》したことが登録《とうろく》の決《き》め手《て》です。

（2013年登録《ねんとうろく》）

14 富岡製糸場《とみおかせいしじょう》と絹産業遺産群《きぬさんぎょういさんぐん》

（群馬県《ぐんまけん》）

日本で初《はじ》めて器械《きかい》を取《と》り入《い》れた絹糸工場《きぬいとこうじょう》です。工女《こうじょ》と呼《よ》ばれる女《じょ》性職員《せいしょくいん》が数多《かずおお》く働《はたら》いており、絹文《きぬぶん》化《か》の発展《はってん》に貢献《こうけん》しました。そのほかの絹《きぬ》に関《かん》する遺産《いさん》といっしょに文化遺産《ぶんかいさん》となりました。

（2014年登録《ねんとうろく》）

15 明治《めいじ》日本の産業革命遺産《さんぎょうかくめいいさん》 製鉄《せいてつ》・製鋼《せいこう》、造船《ぞうせん》、石炭産業《せきたんさんぎょう》

（山口県《やまぐちけん》・長崎県《ながさきけん》ほか）

幕末《ばくまつ》から明治《めいじ》に発展《はってん》した文化遺《ぶんかい》産《さん》です。西洋文化《せいようぶんか》と日本の伝統文《でんとうぶん》化《か》が混《ま》ざり合《あ》いながら急速《きゅうそく》に発展《はってん》した歴史《れきし》が評価《ひょうか》されました。長崎《ながさき》県《けん》の軍艦島《ぐんかんじま》（端島《はしま》）が有名《ゆうめい》。

（2015年登録《ねんとうろく》）

16 ル・コルビュジエの建築作品《けんちくさくひん》 ―近代建築運動《きんだいけんちくうんどう》への顕著《けんちょ》な貢献《こうけん》―

（日本では東京都《とうきょうと》）

20世紀《せいき》の近代建築運動《きんだいけんちくうんどう》（機能的《きのうてき》な建物《たてもの》づくり）に大《おお》きな影響《えいきょう》をあたえた建築家《けんちくか》、ル・コルビュジエの、フランスなど7か国《こく》に残《のこ》る建築作品群《けんちくさくひんぐん》です。国《くに》をまたいで17の作品《さくひん》が登録《とうろく》されています。

（2016年登録《ねんとうろく》）

17 「神宿《かみやど》る島《しま》」宗像《むなかた》・沖《おき》ノ島《しま》と関連遺産群《かんれんいさんぐん》

（福岡県《ふくおかけん》）

宗像三女神《むなかたさんじょしん》をまつる宗像大社《むなかたたいしゃ》の御《ご》神体《しんたい》（神様《かみさま》が宿《やど》っているとされる物《ぶっ》体《たい》のこと）、沖《おき》ノ島《しま》と、その大宮司《だいぐうじ》を務《つと》めていた宗像氏《むなかたし》にまつわる史跡《しせき》や文《ぶん》化財《かざい》です。島《しま》では今《いま》も厳《きび》しいルールが守《まも》られています。

（2017年登録《ねんとうろく》）

18 長崎《ながさき》と天草地方《あまくさちほう》の潜伏《せんぷく》キリシタン関連遺産《かんれんいさん》

（長崎県《ながさきけん》・熊本県《くまもとけん》）

江戸幕府《えどばくふ》がキリスト教《きょう》を禁《きん》じた17～19世紀《せいき》に、信仰《しんこう》を守《まも》り続《つづ》けた「潜伏《せんぷく》キリシタン」が育《はぐく》んだ独特《どくとく》の文化遺産《ぶんかいさん》群《ぐん》。信仰《しんこう》の対象《たいしょう》になった場所《ばしょ》や、住《す》んだ場所《ばしょ》など12の資産《しさん》から構成《こうせい》されています。

（2018年登録《ねんとうろく》）

【32】

ここが知《し》りたい！ 都道府県《とどうふけん》 北海道《ほっかいどう》

寒《さむ》さに対《たい》する工夫《くふう》に注目《ちゅうもく》

北海道《ほっかいどう》の特《とく》ちょうは、なんといっても寒《さむ》いこと！ 地域《ちいき》によっては、冬《ふゆ》になると、気温《きおん》がマイナス20度《ど》以下《いか》に下《さ》がってしまう場所《ばしょ》もある。オホーツク海沿岸《かいえんがん》では、流氷《りゅうひょう》も見《み》られるぞ。

北海道《ほっかいどう》にくらす人々《ひとびと》は、いろいろな工夫《くふう》を重《かさ》ねて寒《さむ》さを乗《の》りこえている。建物《たてもの》のかべに寒《さむ》さを遮断《しゃだん》する素材《そざい》を使《つか》ったり、玄関《げんかん》や窓《まど》を二重《じゅう》、三重《じゅう》にして風《かぜ》が入《はい》ってくるのを防《ふせ》いだり……。道路《どうろ》が凍《こお》らないよう、道《みち》の下《した》に雪《ゆき》を溶《と》かす暖房《だんぼう》（**ロードヒーティング**）を設置《せっち》し

これがロードヒーティング！
ここが世界遺産の知床半島だね！

知床半島《しれとこはんとう》
北海道《ほっかいどう》

ている場所《ばしょ》もある。

また、寒《さむ》い場所《ばしょ》でも育《そだ》てることのできる米《こめ》を作《つく》ろうと努力《どりょく》を重《かさ》ねた結果《けっか》、おいしいブランド米《まい》を作《つく》ることにも成功《せいこう》！　ほかにも、畑作《はたさく》や酪農《らくのう》にぴったりの広《ひろ》い土地《とち》は、たくさんの農作物《のうさくぶつ》や乳製品《にゅうせいひん》、食肉《しょくにく》を生《う》み出《だ》しているのだ。

室内は暖かいから冬でも半そでで過ごせるらしいわ
電車の線路には雪が積もらないよう屋根（シェルター）がついてるんだって！

ちりことくにおの
取材《しゅざい》メモ 10

北国《きたぐに》に残《のこ》る独自《どくじ》の文化《ぶんか》
「アイヌ民族《みんぞく》」を学《まな》ぼう！

アイヌ民族《みんぞく》とは？

今《いま》の北海道《ほっかいどう》を中心《ちゅうしん》に、樺太《からふと》（サハリン・現在《げんざい》はロシア）南《なん》部《ぶ》や、東北地方《とうほくちほう》にくらしていた、独自《どくじ》の文化《ぶんか》をもつ先住民《※せんじゅうみん》族《ぞく》だ。文字《もじ》のない「アイヌ語《ご》」で、伝統《でんとう》が口伝《くちづた》えされてきたぞ。明治時代《めいじじだい》、アイヌ民族《みんぞく》の土地《とち》を開拓《かいたく》したいと考《かんが》えた人々《ひとびと》によって、彼《かれ》らの土地《とち》は「北海道《ほっかいどう》」という日本の領土《りょうど》になったのだ。現在《げんざい》でも北海道《ほっかいどう》ではアイヌ民族《みんぞく》の文化《ぶんか》の名残《なごり》を見《み》ることができるぞ！

※ もともと、その土地《とち》にくらしていた人々《ひとびと》

北海道《ほっかいどう》に残《のこ》る、アイヌ語由来《ごゆらい》の地名《ちめい》

ほかにもあるよ
探《さが》してみてね！

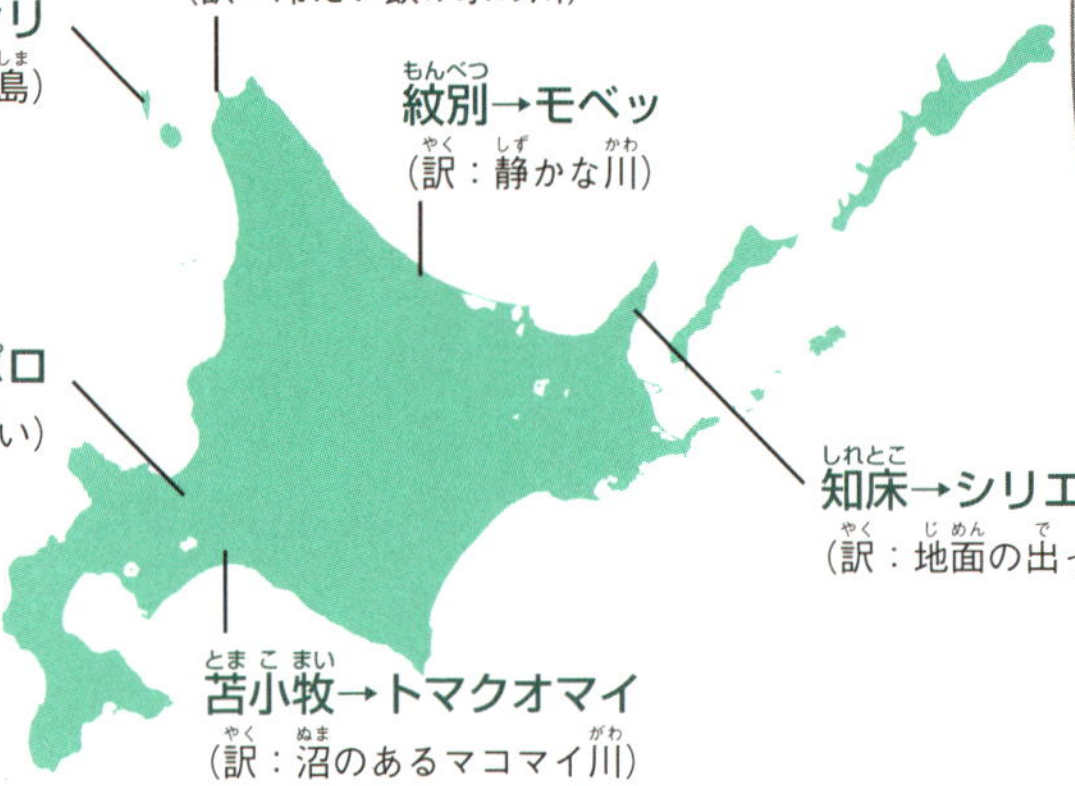
稚内《わっかない》→ヤムワッカナイ
（訳《やく》：冷《つめ》たい飲《の》み水《みず》の川《かわ》）
礼文《れぶん》→レプンシリ
（訳《やく》：沖《おき》にある島《しま》）
紋別《もんべつ》→モベッ
（訳《やく》：静《しず》かな川《かわ》）
札幌《さっぽろ》→サッポロ
（訳《やく》：かわく、多《おお》い）
知床《しれとこ》→シリエトク
（訳《やく》：地面《じめん》の出《で》っぱった先端《せんたん》）
苫小牧《とまこまい》→トマクオマイ
（訳《やく》：沼《ぬま》のあるマコマイ川《がわ》）

注：アイヌ語《ご》には様々《さまざま》な表記《ひょうき》があるため、訳《やく》には諸説《しょせつ》あります。

アイヌ民族《みんぞく》のくらし

仕事《しごと》

動物《どうぶつ》を狩《か》ったり、魚《さかな》や山菜《さんさい》をとるなどの狩猟《しゅりょう》が主《おも》な仕事《しごと》でしたが、ヒエ、アワ、キビなどの農耕《のうこう》や、日本の影響《えいきょう》で野菜《やさい》の栽培《さいばい》もしていました。

衣服《いふく》

けもの・鳥《とり》・魚《さかな》の皮《かわ》や、植物《しょくぶつ》のせんいで作《つく》った布《ぬの》を服《ふく》にしていました。木《き》の皮《かわ》のせんいを使《つか》ったアツシ織《お》りは、伝統的《でんとうてき》な刺《し》しゅうがほどこされているのが特《とく》ちょうです。

名前《なまえ》

生《う》まれて数年《すうねん》は、赤《あか》ちゃんに名前《なまえ》をつけません。その子《こ》に個性《こせい》が現《あらわ》れてから、似合《にあ》う名前《なまえ》を考《かんが》えていたそうです。それまでは魔《ま》よけのために「ソン（ふん）」など、あえて汚《きたな》い呼《よ》び方《かた》をしていたそう！

言葉《ことば》

日本語《ご》との共通点《きょうつうてん》はほとんどありません。文字《もじ》がないため、外国人《がいこくじん》により、ラテン語《ご》やカナで記録《きろく》をとられました。

信仰《しんこう》

アイヌ語《ご》で神様《かみさま》のことを「カムイ」といいます。火《ひ》、水《みず》、太陽《たいよう》など、人間《にんげん》にめぐみをもたらすものはすべてカムイとされていました。また、道具《どうぐ》や植物《しょくぶつ》など、すべてのものに魂《たましい》があると考《かんが》えられていました。

【33】ここが知《し》りたい！ 都道府県《とどうふけん》 青森県《あおもりけん》・岩手県《いわてけん》

地形《ちけい》を利用《りよう》した農業《のうぎょう》や漁業《ぎょぎょう》に注目《ちゅうもく》！

青森県《あおもりけん》は、本州《ほんしゅう》の一番北《いちばんきた》にある県《けん》。寒《さむ》さが厳《きび》しい土地《とち》のため、冷《つめ》たい空気《くうき》の中《なか》でも元気《げんき》に育《そだ》つ、りんご作《づく》りがさかんだ。青森県《あおもりけん》の津《つ》軽《がる》平野《へいや》で作《つく》られるりんごは、日本のりんごの総生産量《そうせいさんりょう》の約半分《やくはんぶん》をしめているぞ。ちなみに、巨大《きょだい》な灯籠《とうろう》（紙《かみ》と木《き》で作《つく》るあかりのこと）でできた人形《にんぎょう》をかつぐ**青森《あおもり》ねぶた祭《まつ》り**は毎年《まいとし》8月《がつ》に開《ひら》かれる大《おお》きなお祭《まつ》り。国《くに》の重要無形民俗文化財《じゅうようむけいみんぞくぶんかざい》に選《えら》ばれているんだ。

一方《いっぽう》、岩手県《いわてけん》は、梅雨《つゆ》の時期《じき》に太平洋《たいへいよう》からふいてくる冷《つめ》たい風《かぜ》、**や**

やませ
やませはこの方向からふいてくるのね
ここにも世界遺産の白神山地があるぞ
あおもりけん
青森県
しらかみさんち
白神山地
いわてけん
岩手県
さんりくかいがん
三陸海岸

ませの影響《えいきょう》で、冷害《れいがい》（寒《さむ》さが原因《げんいん》で、農《のう》作物《さくぶつ》が十分《じゅうぶん》に成長《せいちょう》しない現象《げんしょう》）にあいやすい。そのため、低温《ていおん》に強《つよ》い「ひとめぼれ」という品種《ひんしゅ》のお米《こめ》が作《つく》られている。また、宮城県《みやぎけん》まで続《つづ》く三陸海岸《さんりくかいがん》は、養殖《ようしょく》にぴったりの**リアス海岸《かいがん》**※。この地形《ちけい》を利用《りよう》して、カキの養殖《ようしょく》をおこなっているのだ。

東日本大震災の影響で養殖ができなくなった時期があるんだよ
今は復活してるんですって良かった！

※ 波が少なく水が深い「湾」が組み合わさった海岸。川が土地を削ってできたV字の谷に海水が入りこんでできたもの。

【34】

ここが知《し》りたい！ 都道府県《とどうふけん》

秋田県《あきたけん》・山形県《やまがたけん》

キレイな水《みず》で育《そだ》てたブランド農産物《のうさんぶつ》があるよ

秋田《あきた》と山形《やまがた》は、日本海《かい》に面《めん》した県《けん》。だから冬《ふゆ》になると、季節風《きせつふう》の影響《えいきょう》を受《う》けて、たくさん雪《ゆき》が降《ふ》るんだ。雪《ゆき》どけ水《みず》をふくんだ森《もり》の土《つち》は、ふかふかにやわらかくなって、川《かわ》の水《みず》をきれいにろ過《か》してくれる。おかげでこの二《ふた》つの県《けん》は「水《みず》がきれいな土地《とち》」になったんだよ！

秋田県《あきたけん》は昔《むかし》、日本一《いち》の米《こめ》どころだったんだけれど、とれたお米《こめ》を余《あま》らせてしまうこともあったんだ。そのため、使《つか》う田《た》んぼを制限《せいげん》して、米《こめ》の生産量《せいさんりょう》を減《へ》らす**減反政策**《げんたんせいさく》がおこなわれた。これをきっかけに「『量《りょう》より質《しつ》』の米《こめ》を作《つく》ろう！」と、おいしい「**あきたこまち**」を開発《かいはつ》したんだって！　米《こめ》を加工《かこう》して作《つく》るお酒《さけ》やきりたんぽも、秋田《あきた》県《けん》の名産品《めいさんひん》だよ。

一方《いっぽう》、山形県《やまがたけん》では、このやわらかく水《みず》がたまりにくい土《つち》を使《つか》って、果物作《くだものづく》りに力《ちから》を入《い》れたんだ。おいしくて高価《こうか》な**佐藤錦**《さとうにしき》をはじめとしたさくらんぼは、国内生産量《こくないせいさんりょう》の7割《わり》が山形県《やまがたけん》で作《つく》られているんだって。西洋《せいよう》なしの**ラ・フランス**も有名《ゆうめい》だよね。

わるいごはー　いねがあー
なまはげえぇぇ
秋田県《あきたけん》
最上川《もがみがわ》
山形県《やまがたけん》
最上川はここにあるよ！

山形には一つの都道府県を流れる川として2番目に長い最上川があるらしいわ
ギャー！秋田のなまはげすごくこわいよ！

【35】ここが知《し》りたい！ 都道府県《とどうふけん》 宮城県《みやぎけん》・福島県《ふくしまけん》

復興《ふっこう》に向《む》けて、産業《さんぎょう》を盛《も》り上《あ》げているよ！

２０１１年《ねん》３月《がつ》に起《お》きた東日本大震災《ひがしにほんだいしんさい》で、宮城県《みやぎけん》と福島県《ふくしまけん》は大《おお》きな被害《ひがい》を受《う》けたんだ。「復興《ふっこう》した」といえるようになるにはまだまだ時間《じかん》がかかりそうだけれど、みんな前向《まえむ》きにがんばっているんだ！

宮城県《みやぎけん》は、**東北一《とうほくいち》の都市《とし》・仙台市《せんだいし》**がある県《けん》。交通網《こうつうもう》が整《ととの》えられて、便利《べんり》になり人口《じんこう》も増《ふ》えたんだ。海《うみ》ぞいの町《まち》では、漁業《ぎょぎょう》がさかんにおこなわれているよ。多《おお》くの漁船《ぎょせん》が行《い》き来《き》する気仙沼《けせんぬま》の港《みなと》や、岩手県《いわてけん》から続《つづ》く三陸海岸《さんりくかいがん》でのカキの養殖《ようしょく》が有名《ゆうめい》だね！ 最近《さいきん》は、**仙台牛《せんだいぎゅう》**や

ミヤギノポークなど「ブランド肉《にく》」の生産《せいさん》にも力《ちから》を入《い》れているんだ。
福島県《ふくしまけん》では、果物《くだもの》の栽培《さいばい》がさかん。特《とく》に福島盆地《ふくしまぼんち》では、**桃《もも》やなし**などが作《つく》られているよ。「昼《ひる》は暖《あたた》かく、夜《よる》は寒《さむ》い」という特《とく》ちょうがある盆地《ぼんち》では、糖《とう》度《ど》が高《たか》い（甘《あま》みのもととなる糖分《とうぶん》が多《おお》い）果物《くだもの》が育《そだ》ちやすいんだって。あまーい桃《もも》やなし、ボクも食《た》べたいなぁ。

福島ではほかにも巨峰や柿、りんごも作られているそうよ

ほかの地域の人たちと協力して復興が進んでいくといいね

東北《とうほく》が生《う》んだ童話作家《どうわさっか》
宮沢賢治《みやざわけんじ》って知《し》ってる？

取材《しゅざい》メモ 11

宮沢賢治《みやざわけんじ》って、地球《ちきゅう》では有名《ゆうめい》な作家《さっか》なの？
宮沢賢治《みやざわけんじ》を知《し》らないとは！宮沢賢治《みやざわけんじ》は日本の詩人《しじん》であり童話作家《どうわさっか》だ。亡《な》くなってから才能《さいのう》が評価《ひょうか》され、現在《げんざい》ではたくさんの詩《し》や童話《どうわ》が出版《しゅっぱん》されている。
まあまあ、宇宙《うちゅう》から来《き》たんだから仕方《しかた》がないよ。宮沢賢治《みやざわけんじ》は岩手県出身《いわてけんしゅっしん》で、作品《さくひん》も、東北地方《とうほくちほう》が舞台《ぶたい》となっているものが多《おお》いんだ。
へー！ちょっと教《おし》えてよ。

宮沢賢治《みやざわけんじ》のプロフィール

生没《せいぼつ》
1896年《ねん》8月《がつ》27日《にち》〜1933年《ねん》9月《がつ》21日《にち》

生《う》まれ　岩手県花巻市《いわてけんはなまきし》

学校《がっこう》で勉強《べんきょう》していたこと　農学《のうがく》

職業《しょくぎょう》　詩人《しじん》・童話作家《どうわさっか》
（農学校《のうがっこう》の先生《せんせい》や、農業指導者《のうぎょうしどうしゃ》、石灰《せっかい》を使《つか》った肥料《ひりょう》のセールス、実家《じっか》の質屋《しちや》の手伝《てつだ》いなど、いろいろな職業《しょくぎょう》を経験《けいけん》）

趣味《しゅみ》　山登《やまのぼ》り、石集《いしあつ》め、昆虫採集《こんちゅうさいしゅう》など

代表作《だいひょうさく》
『風《かぜ》の又三郎《またさぶろう》』
『銀河鉄道《ぎんがてつどう》の夜《よる》』
『注文《ちゅうもん》の多《おお》い料理店《りょうりてん》』
『グスコーブドリの伝記《でんき》』
『春《はる》と修羅《しゅら》』（詩集《ししゅう》）
など

賢治《けんじ》の見《み》た東北地方《とうほくちほう》

宮沢賢治《みやざわけんじ》の作品《さくひん》には、森《もり》でくらす動物《どうぶつ》、すんだ川《かわ》、はげしい風《かぜ》など、豊《ゆた》かな自然《しぜん》が出《で》てくるんだ。一方《いっぽう》、※質屋《しちや》に生《う》まれた賢治《けんじ》は、自分《じぶん》は裕福《ゆうふく》なのに、農家《のうか》の人々《ひとびと》がまずしいくらしをしていることに心《こころ》を痛《いた》めていた。そこで賢治《けんじ》は、生《う》まれ故郷《こきょう》の東北《とうほく》と、自分《じぶん》が理想《りそう》とする思《おも》いやり深《ぶか》い人々《ひとびと》がくらす町《まち》を合体《がったい》させ、空想《くうそう》の町《まち》を作《つく》ったんだ。そこを舞台《ぶたい》にした物語《ものがたり》もあるよ。

※ ものを預《あず》ける代《か》わりに、お金《かね》を貸《か》してくれる店《みせ》。ただし期限《きげん》までにお金《かね》を返《かえ》さないと、預《あず》けたものは売《う》られる。

現実世界《げんじつせかい》→賢治《けんじ》の空想世界《くうそうせかい》　地名早見表《ちめいはやみひょう》

空想《くうそう》の地名《ちめい》はすべて、現実《げんじつ》の地名《ちめい》をもじってつけられています

- ◆ **岩手県《いわてけん》→イーハトーヴ**　『グスコーブドリの伝記《でんき》』『ポラーノの広場《ひろば》』などに登場《とうじょう》。
- ◆ **盛岡市《もりおかし》→モリーオ**　『ポラーノの広場《ひろば》』に登場《とうじょう》。盛岡市《もりおかし》は賢治《けんじ》が学生時代《がくせいじだい》を過《す》ごした場所《ばしょ》。
- ◆ **花巻市《はなまきし》→ハームキヤ**　『ポラーノの広場《ひろば》』に登場《とうじょう》。花巻市《はなまきし》は賢治《けんじ》の出身地《しゅっしんち》。
- ◆ **仙台市《せんだいし》→センダード**　『ポラーノの広場《ひろば》』に登場《とうじょう》。汽車《きしゃ》が通《とお》っている大《おお》きな町《まち》。
- ◆ **塩竈市《しおがまし》→シオーモ**　『ポラーノの広場《ひろば》』に登場《とうじょう》。小《ちい》さな船《ふね》が通《とお》っている。

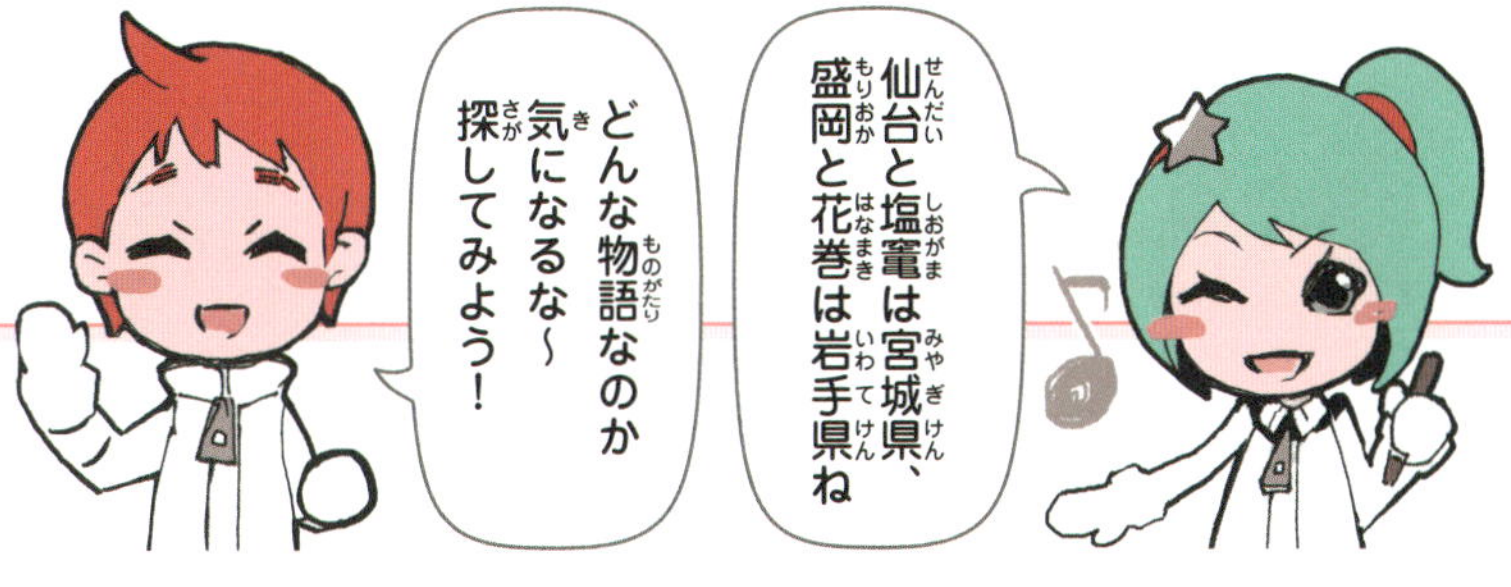

仙台《せんだい》と塩竈《しおがま》は宮城県《みやぎけん》、盛岡《もりおか》と花巻《はなまき》は岩手県《いわてけん》ね
どんな物語《ものがたり》なのか気《き》になるな〜探《さが》してみよう！

【36】

ここが知《し》りたい！ 都道府県《とどうふけん》 群馬県《ぐんまけん》・栃木県《とちぎけん》

農業《のうぎょう》や観光業《かんこうぎょう》など、バランスのとれた県《けん》だ

群馬県《ぐんまけん》は、歴史《れきし》ある温泉《おんせん》が数多《かずおお》く存在《そんざい》している「温泉大国《おんせんたいこく》」。なかでも草津温泉《くさつおんせん》は、日本三大名湯《だいめいとう》の一《ひと》つといわれているぞ。２０１４年《ねん》には**富岡製糸場《とみおかせいしじょう》と絹産業遺産群《きぬさんぎょういさんぐん》**が世界遺産《せかいいさん》に登録《とうろく》されたこともあり、今後《こんご》は観光業《かんこうぎょう》も期待《きたい》できる。嬬恋村《つまごいむら》などの高原《こうげん》では、キャベツやキュウリなどの畑作《はたさく》をしているが、ここでおこなわれているのは、すずしい気候《きこう》を利用《りよう》した**抑制栽培《よくせいさいばい》**。旬《しゅん》が過《す》ぎた頃《ころ》に出荷《しゅっか》するシステムは、先《さき》ほども説明《せつめい》したな（Ｐ50をチェックしてね）。

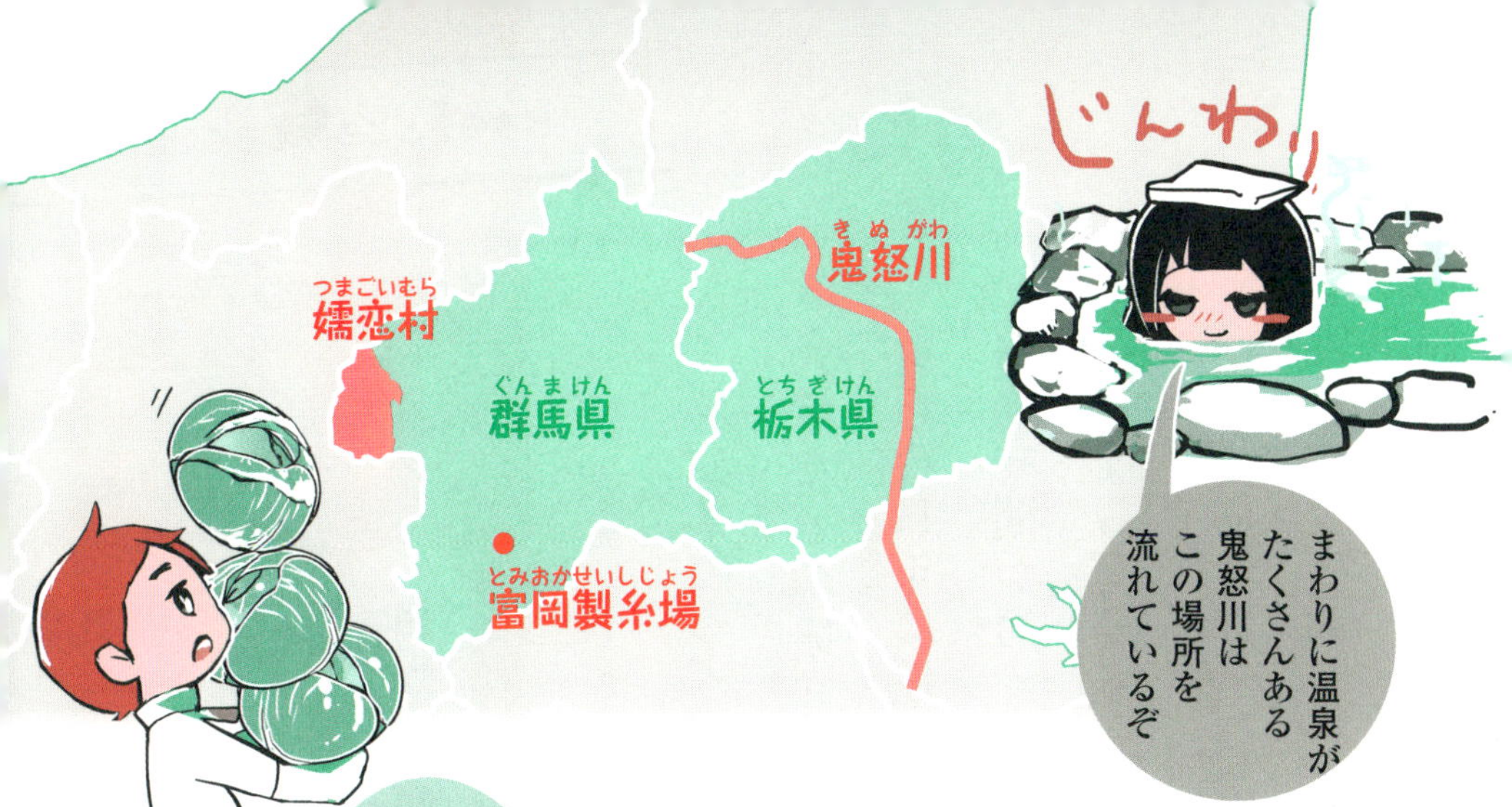
じんわり
鬼怒川《きぬがわ》
嬬恋村《つまごいむら》
群馬県《ぐんまけん》
栃木県《とちぎけん》
富岡製糸場《とみおかせいしじょう》
まわりに温泉がたくさんある鬼怒川はこの場所を流れているぞ

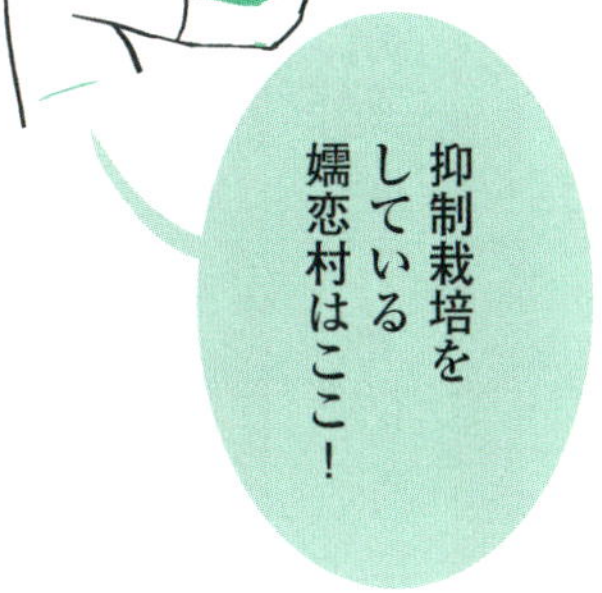
抑制栽培をしている嬬恋村はここ！

一方《いっぽう》、栃木県《とちぎけん》といえば、**とちおとめ**をはじめとする、いちごの名産地《めいさんち》として有名《ゆうめい》だ。しかし、目玉《めだま》はいちごばかりじゃない。平地《へいち》では米《こめ》や麦《むぎ》、高原《こうげん》では野菜《やさい》を育《そだ》て都市部《としぶ》に出荷《しゅっか》している。日光《にっこう》や鬼怒川温泉《きぬがわおんせん》、ギョウザで有名《ゆうめい》な宇都宮《うつのみや》など、観光《かんこう》スポットも充実《じゅうじつ》しているし、とてもバランスのとれた県《けん》だといえるだろう。

抑制栽培、おもしろいわ！旬を過ぎているから競争相手がいないのね
スカイベリーといういちごもあるらしいよ食べたいな～

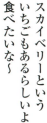

【37】ここが知《し》りたい！ 都道府県《とどうふけん》 茨城県《いばらきけん》・千葉県《ちばけん》

科学《かがく》の研究開発施設《けんきゅうかいはつしせつ》や、たくさんの工場《こうじょう》に注目《ちゅうもく》

茨城県《いばらきけん》のつくば市《し》は、別名《べつめい》を**筑波研究学園都市《つくばけんきゅうがくえんとし》**という。国《くに》や企業《きぎょう》、大学《だいがく》などの研究施設《けんきゅうしせつ》が集《あつ》まり、多《おお》くの研究《けんきゅう》がおこなわれている。2005年《ねん》に鉄道《てつどう》の「つくばエクスプレス」が開業《かいぎょう》し、東京《とうきょう》までの移動時間《いどうじかん》が短《みじか》く便利《べんり》になったため、人口《じんこう》が増《ふ》えた。鹿嶋市《かしまし》・神栖市《かみすし》からなる**鹿島臨海工業地域《かしまりんかいこうぎょうちいき》**や、工場《こうじょう》が立《た》ち並《なら》ぶ**日立市《ひたちし》・ひたちなか市《し》**では、たくさんの重化学工業製品《じゅうかがくこうぎょうせいひん》が作《つく》られているぞ。

同《おな》じように、千葉県《ちばけん》にも主《おも》に鉄鋼《てっこう》や石油製品《せきゆせいひん》をあつかう**京葉工業《けいようこうぎょう》**

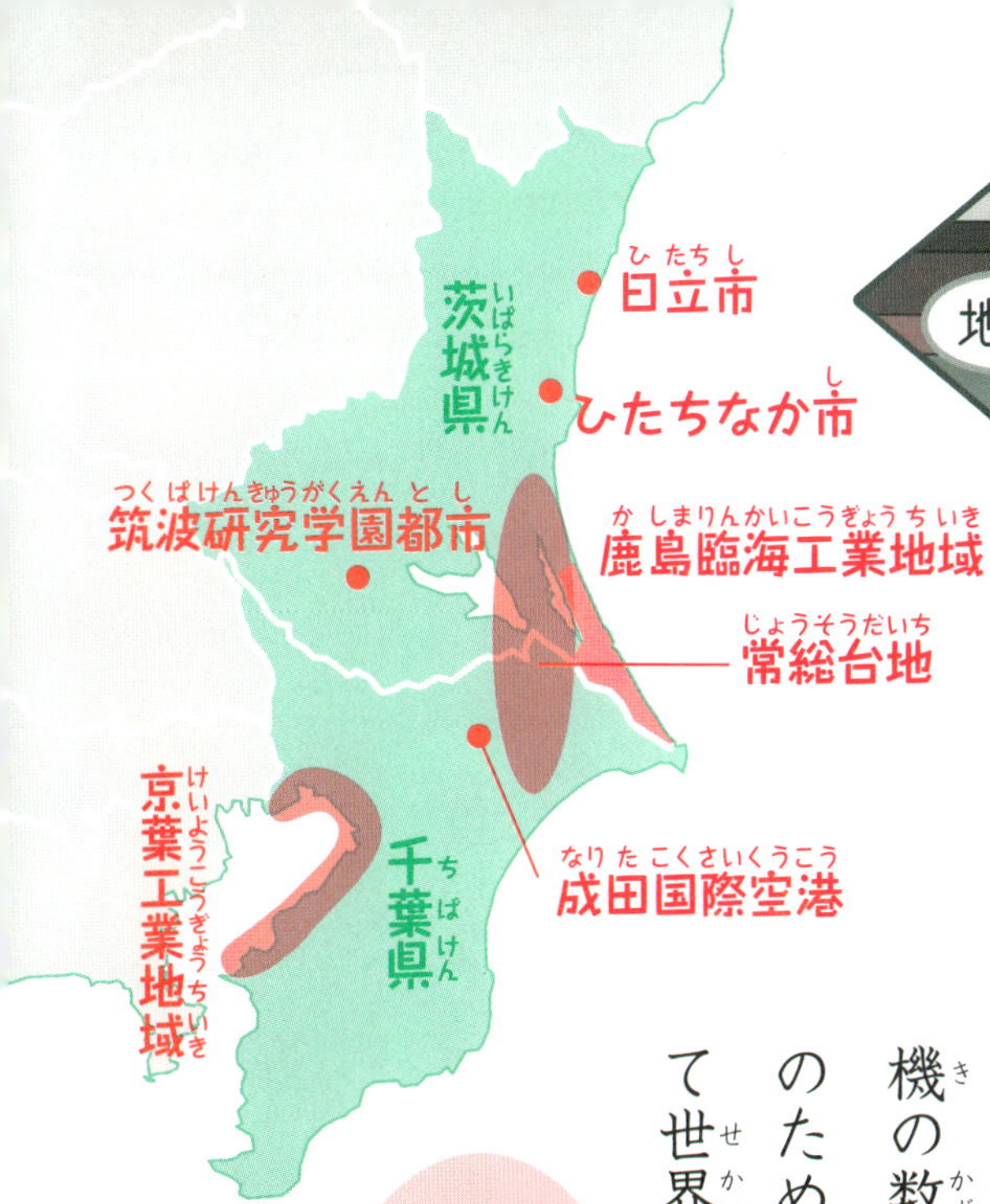
日立市《ひたちし》
茨城県《いばらきけん》
ひたちなか市《し》
筑波研究学園都市《つくばけんきゅうがくえんとし》
鹿島臨海工業地域《かしまりんかいこうぎょうちいき》
常総台地《じょうそうだいち》
京葉工業地域《けいようこうぎょうちいき》
千葉県《ちばけん》
成田国際空港《なりたこくさいくうこう》

地層
常総台地には火山灰からできた赤土が積もり関東ローム層ができているよ

京葉工業地域は東京湾ぞいにあるのね

海に近い場所に工業地帯・地域あり！　だね
東京に近いことも工業が発展した理由の一つでしょう

地域《ちいき》がある。東京湾《とうきょうわん》を埋《う》め立《た》てて作《つく》られた場所《ばしょ》だ。千葉県《ちばけん》の大部分《だいぶぶん》は、海《うみ》に囲《かこ》まれていることから、輸出《ゆしゅつ》や輸入《ゆにゅう》に便利《べんり》な場所《ばしょ》だと考《かんが》えられたのだろう。また、1978年《ねん》に開港《かいこう》した**成田国《なりたこく》際空港《さいくうこう》**は、乗客《じょうきゃく》の数《かず》、出発《しゅっぱつ》・到着《とうちゃく》する飛行《ひこう》機《き》の数《かず》、取引《とりひき》をしている都市《とし》の数《かず》、輸出入《ゆしゅつにゅう》のために運《はこ》ぶ荷物《にもつ》の量《りょう》など、すべてにおいて世界《せかい》でもトップクラスの空港《くうこう》だぞ。

【38】ここが知《し》りたい！ 都道府県《とどうふけん》 東京都《とうきょうと》

日本の首都《しゅと》がある東京都《とうきょうと》は、国《くに》のルールや予算《よさん》を決《き》める**国会議事堂**《こっかいぎじどう》、争《あらそ》いごとを解決《かいけつ》したり、罪《つみ》のあるなしを決《き》めたりする**最高裁判所**《さいこうさいばんしょ》、実際《じっさい》に国《くに》を動《うご》かす**官庁**《かんちょう》などが集《あつ》まる、日本の中心地《ちゅうしんち》なんだ！ 大《だい》企業《きぎょう》や銀行《ぎんこう》の本店《ほんてん》なども多《おお》いから、経済《けいざい》の動《うご》きも日本一活発《いちかっぱつ》だよ。情報《じょうほう》が命《いのち》の新聞社《しんぶんしゃ》やテレビ局《きょく》、海外《かいがい》とお金《かね》のやりとりをおこなう金融機関《きんゆうきかん》などもたくさんあるから、「24時間眠《じかんねむ》らない都市《とし》」といっていいほど、いつでも誰《だれ》かが働《はたら》いているんだ。

もちろん問題《もんだい》もあるよ。東京《とうきょう》の気温《きおん》は、ほかの地域《ちいき》に比《くら》べて高《たか》め。ビルを建設《けんせつ》するために森林《しんりん》を減《へ》らしたり、自動車《じどうしゃ》の排気《はいき》ガスや、機《き》械《かい》が発《はっ》する熱《ねつ》が増《ふ》えたりしたことが原因《げんいん》なんだ。これを**ヒートアイランド現象《げんしょう》**と呼《よ》ぶんだよ。

便利な場所にも欠点はあるんだね

農業や漁業などがまったくないわけでもないようよ

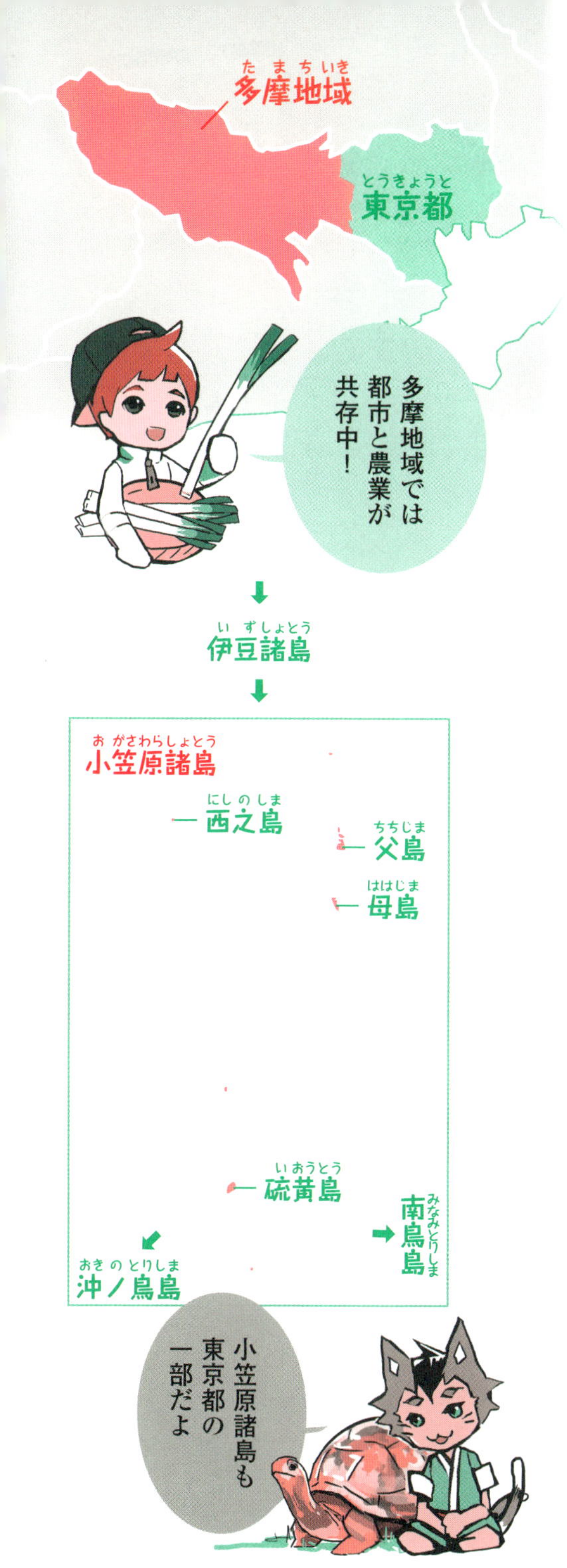
多摩地域《たまちいき》
東京都《とうきょうと》
多摩地域では都市と農業が共存中！
伊豆諸島《いずしょとう》
小笠原諸島《おがさわらしょとう》
西之島《にしのしま》
父島《ちちじま》
母島《ははじま》
硫黄島《いおうとう》
南鳥島《みなみとりしま》
沖ノ鳥島《おきのとりしま》
小笠原諸島も東京都の一部だよ

ちりことくにおの
取材《しゅざい》メモ
12

ナンバー1は東京《とうきょう》ばかりじゃない！
日本なんでもランキング3

東京都《とうきょうと》って、日本の大切《たいせつ》なものがぎゅっと集《あつ》まった場所《ばしょ》なんだね。
日本一《いち》のものもたくさんあるんでしょ？ 日本一高《いちたか》い建築物《けんちくぶつ》の東京《とうきょう》スカイツリーとか！
何《なに》も東京《とうきょう》ばかりに日本一《いち》が集《あつ》まっているわけではないぞ。東京《とうきょう》は建物《たてもの》が多《おお》い分《ぶん》自然《しぜん》の多《おお》さはほかの地域《ちいき》におとるしな。
それに、日本一高《いちたか》い建築物《けんちくぶつ》は東京《とうきょう》スカイツリーだけど、日本一高《いちたか》いビルがある場所《ばしょ》は東京《とうきょう》じゃないんだよ。じゃあ、日本のいろんなベスト3を見《み》ていこっか！

（データは2016年5月31日現在のものです）

高層《こうそう》ビル 高《たか》い 順《じゅん》ランキング

1	あべのハルカス 300m （大阪府《おおさかふ》）
2	横浜《よこはま》ランドマークタワー 296.33m （神奈川県《かながわけん》）
3	りんくうゲートタワービル 256.1m （大阪府《おおさかふ》）

あべのハルカスは「東京《とうきょう》スカイツリー」「東京《とうきょう》タワー」につぐ、日本で3番目《ばんめ》に高《たか》い建《けん》築物《ちくぶつ》！ 中《なか》にはデパートやレストラン、美術《びじゅつ》館《かん》や展望台《てんぼうだい》なども入《はい》っているよ。

日本の川《かわ》 長《なが》い 順《じゅん》ランキング

1 **信濃川《しなのがわ》（千曲川《ちくまがわ》）**
367km ※（長野県《ながのけん》～新潟県《にいがたけん》、群馬県《ぐんまけん》）

2 **利根川《とねがわ》**
322km （群馬県《ぐんまけん》～茨城県《いばらきけん》・千葉県《ちばけん》）

3 **石狩川《いしかりがわ》**
268km （北海道《ほっかいどう》）

※信濃川《しなのがわ》は支川《しせん》が群馬県《ぐんまけん》に流《なが》れています。

信濃川《しなのがわ》は、上流《じょうりゅう》の長野県《ながのけん》側《がわ》では千曲川《ちくまがわ》と呼《よ》ばれている。利根川《とねがわ》は、関東地方《かんとうちほう》の北《きた》から東《ひがし》へと流《なが》れていき、最後《さいご》は太平洋《たいへいよう》に流《なが》れこむのだ。

日本の湖《みずうみ》 大《おお》きさ ランキング

1 **琵琶湖《びわこ》**
669.2km² （滋賀県《しがけん》）

2 **霞ヶ浦《かすみがうら》**
168.2km² （茨城県《いばらきけん》）

3 **サロマ湖《こ》**
151.6km² （北海道《ほっかいどう》）

琵琶湖《びわこ》は滋賀県《しがけん》だけじゃなく、京都府《きょうとふ》や大《おお》阪府《さかふ》、兵庫県《ひょうごけん》（神戸市《こうべし》）など、人口《じんこう》が多《おお》く産業《さんぎょう》が発達《はったつ》している地域《ちいき》の水《みず》を供給《きょうきゅう》する大切《たいせつ》な湖《みずうみ》なんですって。

【39】

ここが知《し》りたい！ 都道府県《とどうふけん》 神奈川県《かながわけん》・埼玉県《さいたまけん》

ベッドタウンと県《けん》の産業《さんぎょう》を両立《りょうりつ》させているよ

首都《しゅと》・東京《とうきょう》のおとなりさんでもあるこの二《ふた》つの県《けん》は、**都心《としん》へ通《かよ》う人《ひと》たちのための住宅地《じゅうたくち》＝ベッドタウン**として開発《かいはつ》される一方《いっぽう》で、それぞれの地形《ちけい》や特《とく》ちょうをいかした産業《さんぎょう》を発展《はってん》させてきたんだ。

神奈川県《かながわけん》は、全国《ぜんこく》トップクラスの貿易港《ぼうえきこう》である**横浜港《よこはまこう》**や、日本開《かい》国《こく》のきっかけとなった**浦賀港《うらがこう》**がある県《けん》。今《いま》でも横浜《よこはま》の赤《あか》レンガ倉庫《そうこ》や中華街《ちゅうかがい》など、外国《がいこく》の空気《くうき》を感《かん》じられる場所《ばしょ》が残《のこ》っているよ。温泉《おんせん》で有名《ゆうめい》な箱根《はこね》、国宝《こくほう》の大仏《だいぶつ》がある鎌倉《かまくら》など、観光名所《かんこうめいしょ》も充実《じゅうじつ》！

埼玉県《さいたまけん》は、冬《ふゆ》は冷《つめ》たく乾燥《かんそう》した季節《きせつ》風《ふう》がふき、夏《なつ》はじめじめとした暑《あつ》さが続《つづ》く、四季《しき》の特《とく》ちょうがハッキリと感《かん》じられる県《けん》。平《たい》らな土地《とち》や、利根川《とねがわ》と荒川《あらかわ》の豊富《ほうふ》な水《みず》のおかげで、米作《こめづく》りや野菜作《やさいづく》りがさかんなんだ。収穫《しゅうかく》した農《のう》作物《さくぶつ》を新鮮《しんせん》なうちに都心《としん》に運《はこ》ぶ、近郊《きんこう》農業《のうぎょう》がおこなわれているよ！

ベッドタウンには
マンションや
ショッピングビルがたくさん！

所沢市やさいたま市などからなら
電車１本で東京の都心に行けちゃうよ

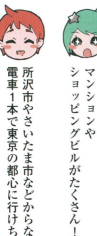

【40】ここが知《し》りたい！都道府県《とどうふけん》 静岡県《しずおかけん》・愛知県《あいちけん》

温暖《おんだん》な気候《きこう》と、工業製品《こうぎょうせいひん》が有名《ゆうめい》な県《けん》だ

太平洋《たいへいよう》を流《なが》れる**黒潮《くろしお》**と呼《よ》ばれる暖流《だんりゅう》の影響《えいきょう》で、この二《ふた》つの県《けん》は冬《ふゆ》でも比較的暖《ひかくてきあたた》かい。２～３月《がつ》には桜《さくら》が見《み》られるほどだ。

静岡県《しずおかけん》では、この暖《あたた》かい気候《きこう》と、水《みず》のたまりにくい地形《ちけい》を利用《りよう》し、茶《ちゃ》やみかんが栽培《さいばい》されている。大都市《だいとし》への出荷《しゅっか》を目的《もくてき》として、高価《こうか》な作物《さくもつ》を作《つく》る、**園芸農業《えんげいのうぎょう》**もさかんだ。静岡《しずおか》で作《つく》られているのは、いちごやメロンだな。太平洋沿岸《たいへいようえんがん》にある**東海工業地域《とうかいこうぎょうちいき》**には、ピアノなどの楽器《がっき》や、オートバイを製造《せいぞう》する工場《こうじょう》がたくさんあるぞ。

名古屋《なごや》
豊田市《とよたし》
東京《とうきょう》
愛知県《あいちけん》
静岡県《しずおかけん》
東名高速道路《とうめいこうそくどうろ》
伊勢湾《いせわん》
中京工業地帯《ちゅうきょうこうぎょうちたい》
東海工業地域《とうかいこうぎょうちいき》
……
東名高速道路を使って大都市に作ったものを運ぶのだ

愛知県《あいちけん》にも、**中京工業地帯**《ちゅうきょうこうぎょうちたい》という工業《こうぎょう》がさかんな地域《ちいき》がある。特《とく》に有名《ゆうめい》なのは、**豊田市**《とよたし》の**自動車工業**《じどうしゃこうぎょう》だ。瀬戸市《せとし》では昔《むかし》ながらの焼《や》き物《もの》のほか、**ファインセラミックス**という新《あら》たな陶器《とうき》も作《つく》られている。

愛知《あいち》には名古屋市《なごやし》を中心《ちゅうしん》とした大都市《だいとし》があり、人口《じんこう》が多《おお》く、交通網《こうつうもう》も発達《はったつ》している。今《こん》後《ご》ますますの発展《はってん》が期待《きたい》されているぞ。

中京工業地帯は伊勢湾ぞいにあるのね

静岡は水が豊富だから製紙業もさかんらしいよ
愛知には、電子機器やバイオテクノロジーも進出してるんですって

【41】

ここが知《し》りたい！都道府県《とどうふけん》
山梨県《やまなしけん》・長野県《ながのけん》

果物作《くだものづく》りがさかんな地域《ちいき》だ

まわりを高《たか》い山《やま》に囲《かこ》まれたこの二《ふた》つの県《けん》には、川《かわ》の流《なが》れにのって運《はこ》ばれてきた土砂《どしゃ》が積《つ》もった**扇状地《せんじょうち》**が広《ひろ》がっている。扇状地《せんじょうち》はあまり米作《こめづく》りに向《む》かない土地《とち》だから、かわりに果樹栽培《かじゅさいばい》が発達《はったつ》した。

特《とく》に、山梨県《やまなしけん》にある**甲府盆地《こうふぼんち》**では、ぶどう、桃《もも》、すもも、さくらんぼなど、様々《さまざま》な果物《くだもの》が育《そだ》てられている。ぶどうはワインの原料《げんりょう》にもなるため、ワイン製造所《せいぞうじょ》＝ワイナリーが多《おお》いのも特《とく》ちょうだ。世《せ》界遺産《かいいさん》にもなった富士山《ふじさん》や、南《みなみ》アルプスの雪《ゆき》どけ水《みず》を利用《りよう》して、ミ

富士山はちょうど静岡県との境にあるね
日本アルプスは「日本の屋根」と呼ばれているよ！
飛騨《ひだ》山脈《さんみゃく》（北《きた》アルプス）
長野県《ながのけん》
木曽《きそ》山脈《さんみゃく》（中央《ちゅうおう》アルプス）
赤石《あかいし》山脈《さんみゃく》（南《みなみ》アルプス）
山梨県《やまなしけん》
富士山《ふじさん》
日本アルプス

ネラルウォーターの製造《せいぞう》もおこなわれているぞ。

長野県《ながのけん》でも、りんごやぶどうなどの果樹栽培《かじゅさいばい》がさかんだ。また、夏《なつ》でもすずしい気候《きこう》は、**高原野菜**《こうげんやさい》の栽培《さいばい》にも適《てき》している。レタスやセロリ、白菜《はくさい》などが、東京《とうきょう》・大阪《おおさか》をはじめとした大都市《だいとし》に出荷《しゅっか》されているのだ。

山梨県は果物狩りやワイナリー見学目的の観光客も多いみたい
長野県の軽井沢は避暑地や別荘地として有名らしいよ！

ちりことくにおの 取材《しゅざい》メモ 13

世界《せかい》に誇《ほこ》る日本の山《やま》
すごいよ、富士山《ふじさん》

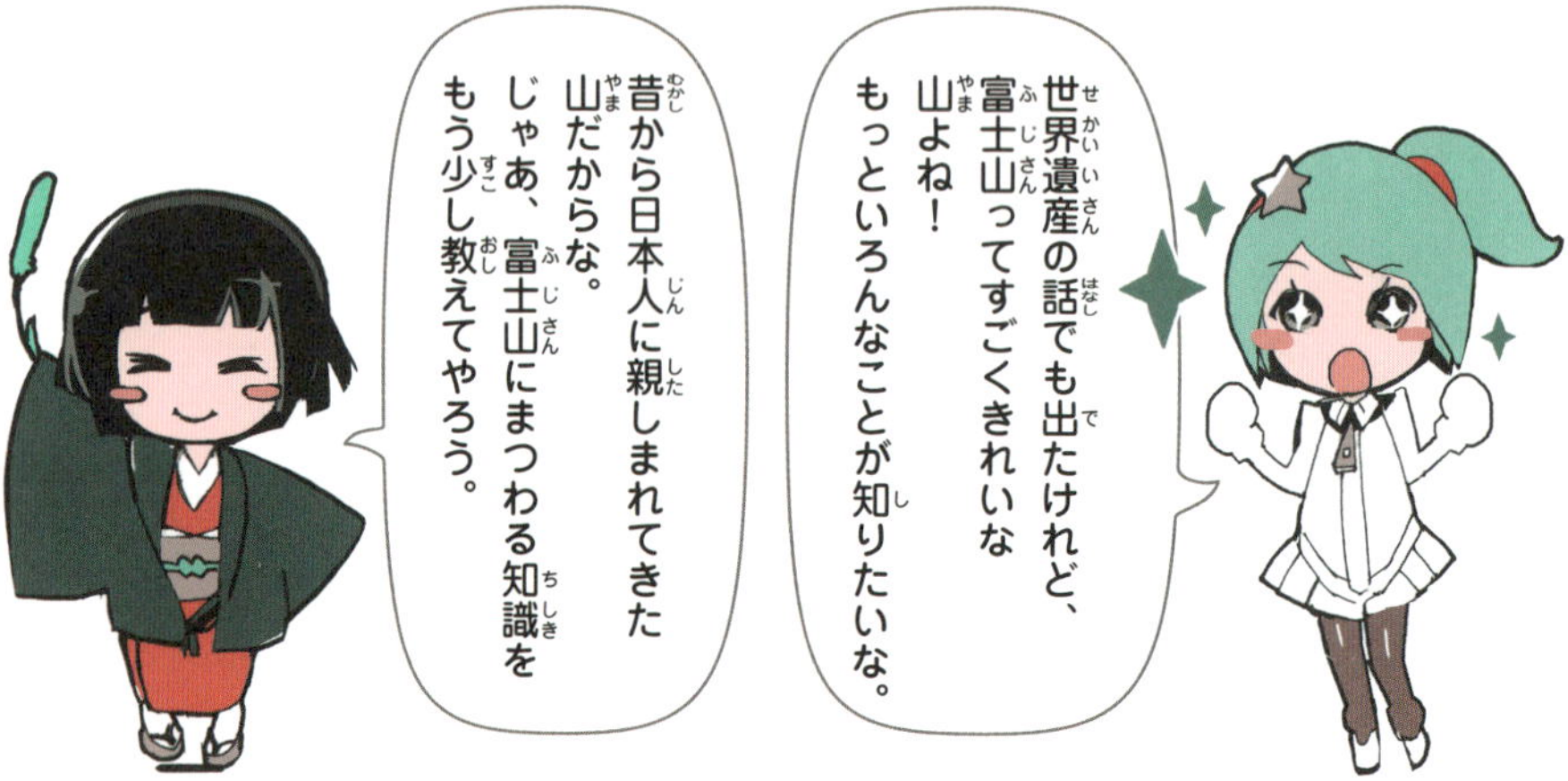
世界遺産《せかいいさん》の話《はなし》でも出《で》たけれど、富士山《ふじさん》ってすごくきれいな山《やま》よね！
もっといろんなことが知《し》りたいな。
昔《むかし》から日本人《じん》に親《した》しまれてきた山《やま》だからな。
じゃあ、富士山《ふじさん》にまつわる知識《ちしき》をもう少《すこ》し教《おし》えてやろう。

その1 富士山《ふじさん》の高《たか》さは「ミナナロウ」！

3776
ミナナロウ
おいー

富士山《ふじさん》は、日本で一番高《いちばんたか》い山《やま》。その高《たか》さはずばり、3776m！ この数字《すうじ》を簡単《かんたん》に覚《おぼ》える語呂合《ごろあ》わせが「ミ(3) ナ(7) ナ(7) ロウ(6)」です。古《ふる》くから神様《かみさま》としてうやまわれたり、絵画《かいが》や小説《しょうせつ》の題材《だいざい》に使《つか》われたりしている富士山《ふじさん》。そんな富士山《ふじさん》のように大《おお》きく、偉大《いだい》な人間《にんげん》になろう！……という意味《いみ》で作《つく》られたのかもしれません。

その2 日本でもっとも古《ふる》い物語《ものがたり》に登場《とうじょう》！

日本で書《か》かれたもっとも古《ふる》い物語《ものがたり》といえば、「かぐや姫《ひめ》」のもとになった『竹取物語《たけとりものがたり》』。この物語《ものがたり》のラストシーンに、なんと富士山《ふじさん》が登場《とうじょう》します。当時《とうじ》の帝《みかど》（天皇《てんのう》）が、月《つき》へ帰《かえ》ってしまったかぐや姫《ひめ》からの贈《おく》りものである不老不死《ふろうふし》の薬《くすり》を、山《やま》の頂上《ちょうじょう》で焼《や》くのです。最後《さいご》は、「不死《ふし》の薬《くすり》を焼《や》いた山《やま》という意味《いみ》で、不死山《ふしやま》＝富《ふ》士山《じさん》という名前《なまえ》がついた」という伝《でん》説《せつ》が語《かた》られ、物語《ものがたり》が終《お》わります。

その3 今後《こんご》、噴火《ふんか》する可能性《かのうせい》もあり

一見《いっけん》、静《しず》かで美《うつく》しい山《やま》に見《み》える富士山《ふじさん》ですが、実《じつ》は、現在《げんざい》も噴火《ふんか》する可能性《かのうせい》が高《たか》い「活火山《かっかざん》」に分《ぶん》類《るい》されています。実際《じっさい》に、過去《かこ》2000年《ねん》の間《あいだ》に少《すく》なくとも43回《かい》は噴火《ふんか》をしたというデータも出《で》ています。2012年《ねん》には、3合目《ごうめ》のあたりでわずかな噴気《ふんき》（蒸気《じょうき》やガス）が確認《かくにん》されました。

【42】ここが知《し》りたい！ 都道府県《とどうふけん》 新潟県《にいがたけん》・富山県《とやまけん》

雪《ゆき》に負《ま》けず、平《たい》らな土地《とち》でコシヒカリ作《づく》り！

日本海《かい》と向《む》かい合《あ》っている新潟県《にいがたけん》と富山県《とやまけん》は、**冬《ふゆ》になると激《はげ》しい雪《ゆき》が降《ふ》る豪雪地帯《ごうせつちたい》！** これは、日本海《かい》の水分《すいぶん》をふくんだ空気《くうき》が、高《たか》い山《やま》にぶつかって、雪雲《ゆきぐも》を生《う》み出《だ》すから。それでも、平《たい》らな土地《とち》が多《おお》いこの二《ふた》つの県《けん》では、地形《ちけい》をいかして、寒《さむ》さに強《つよ》いブランド米《まい》・コシヒカリを生産《せいさん》しているよ。

特《とく》に新潟県《にいがたけん》は、農地《のうち》のおよそ90%が水田《すいでん》！ 信濃川《しなのがわ》や阿賀野川《あがのがわ》がもたらす豊《ゆた》かな水《みず》が、米作《こめづく》りにぴったりなんだ。お米《こめ》を原料《げんりょう》とする

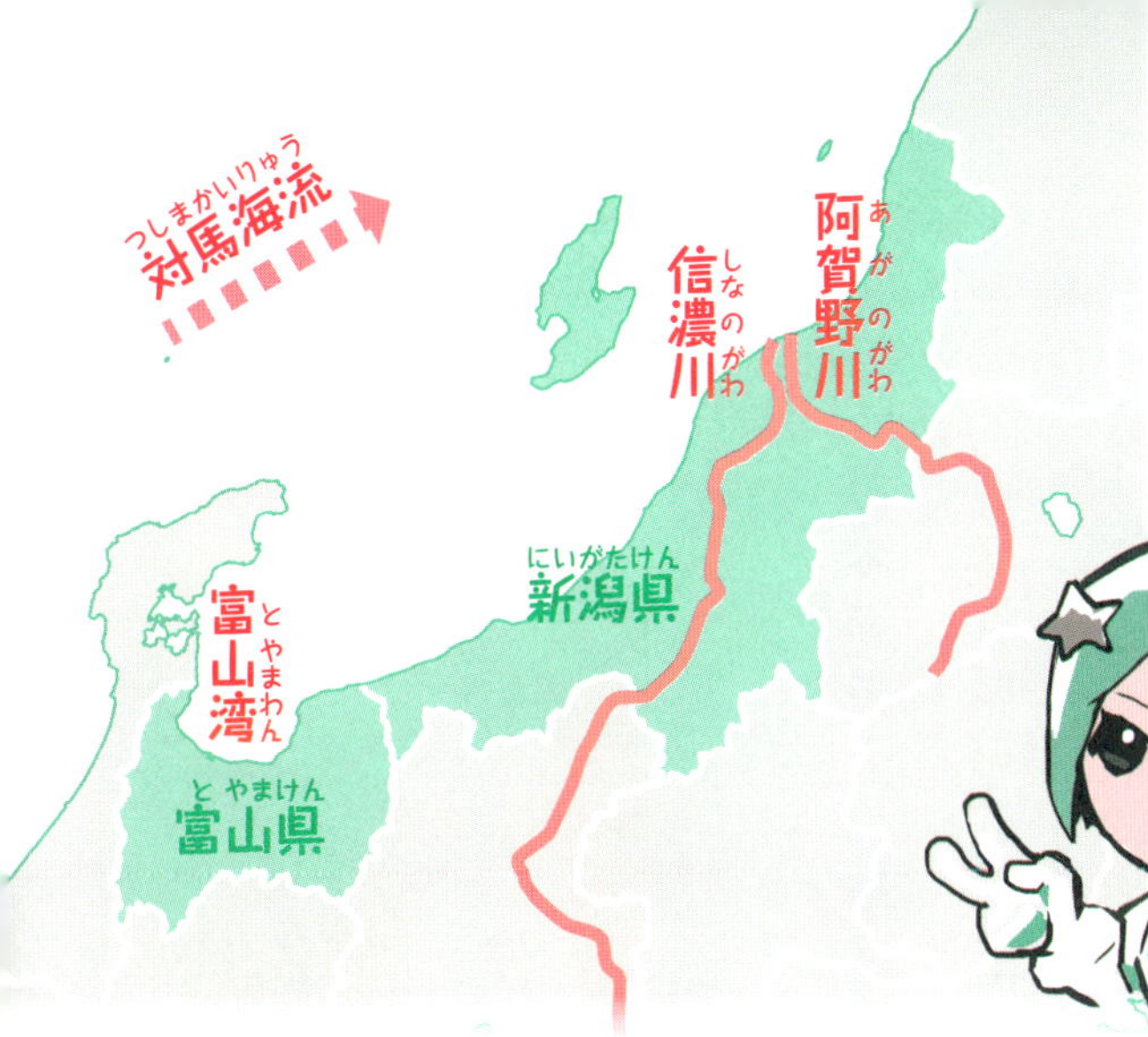
対馬海流《つしまかいりゅう》
信濃川《しなのがわ》
阿賀野川《あがのがわ》
新潟県《にいがたけん》
富山湾《とやまわん》
富山県《とやまけん》

信濃川は県をたてに、阿賀野川は県を横に通っているの、わかる？

せんべいなどの米菓《べいか》や、お酒《さけ》も特産品《とくさんひん》だよ。富山県《とやまけん》では、米作《こめづく》りのほかに、漁業《ぎょぎょう》もさかん。なぜなら、日本海一深《かいいちふか》い湾《わん》である富山湾《とやまわん》と、沖《おき》を流《なが》れる暖流《だんりゅう》の**対馬海流《つしまかいりゅう》**の影響《えいきょう》で、寒《さむ》い海《うみ》にすむ魚《さかな》と暖《あたた》かい海《うみ》にすむ魚《さかな》の両方《りょうほう》がとれるから。「きときと」※なブリやホタルイカ、シロエビなどが楽《たの》しめるんだ。

ブル
ブル
豪雪の原因は季節風！山地にぶつかって雪を降らせるよ

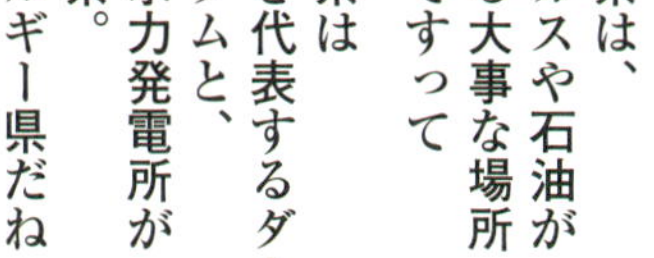
新潟県は、天然ガスや石油がとれる大事な場所なんですって
富山県は日本を代表するダム・黒部ダムと、その水力発電所がある県。エネルギー県だね！

※ 富山県の方言で、「新鮮」という意味。

【43】

ここが知《し》りたい！都道府県《とどうふけん》 石川県《いしかわけん》・福井県《ふくいけん》

伝統工芸品《でんとうこうげいひん》が数多《かずおお》く保護《ほご》されてきた地域《ちいき》

日本海最大《にほんかいさいだい》の半島《はんとう》、**能登半島《のとはんとう》**がある石川県《いしかわけん》と、若狭湾《わかさわん》が特《とく》ちょう的《てき》な福井県《ふくいけん》。この二《ふた》つの県《けん》には、「**ものづくり**で有名《ゆうめい》」という共通点《きょうつうてん》があるよ。どちらも米《こめ》どころで、特《とく》に福井県《ふくいけん》は**コシヒカリの生《う》まれ故郷《こきょう》**だけれど、冬《ふゆ》の間《あいだ》はお米《こめ》が作《つく》れない。そこで人々《ひとびと》は生活《せいかつ》のためにものづくりを始《はじ》めたというわけ！

石川県《いしかわけん》には、江戸時代《えどじだい》から続《つづ》く伝統工芸品《でんとうこうげいひん》がたくさん。木《き》の器《うつわ》などに漆《うるし》を塗《ぬ》り重《かさ》ねる**輪島塗《わじまぬり》**や、金《きん》を破《やぶ》れるすれすれまで薄《うす》くのばした**金沢箔《かなざわはく》**、草花《くさばな》がえがかれた染《そ》めもの、**加賀友禅《かがゆうぜん》**などが有名《ゆうめい》だね。
福井県《ふくいけん》は**鯖江市《さばえし》のメガネフレーム作《づく》り**が有名《ゆうめい》！　国内《こくない》の約《やく》90％のフレームがここで作《つく》られているよ。また、汗《あせ》を吸《す》いやすい布《ぬの》や冬《ふゆ》でも暖《あたた》かい布《ぬの》など、**ハイテク繊維《せんい》**と呼《よ》ばれる織物《おりもの》の工場《こうじょう》も多《おお》いんだ。

かつての副業《ふくぎょう》が、時代《じだい》とともに変化《へんか》し、現代《げんだい》まで受《う》け継《つ》がれてきたんだね。

寒流《かんりゅう》（リマン海流《かいりゅう》）
能登半島《のとはんとう》
潮目《しおめ》
暖流《だんりゅう》（対馬海流《つしまかいりゅう》）
石川県《いしかわけん》
福井県《ふくいけん》
若狭湾《わかさわん》
能登半島には傾斜のある稲作地、棚田が多いんだ
暖流と寒流がぶつかる「潮目」では越前ガニがとれるぞ

【44】

ここが知《し》りたい！ 都道府県《とどうふけん》 岐阜県《ぎふけん》・滋賀県《しがけん》

稲作《いなさく》と副業《ふくぎょう》で発展《はってん》してきた県《けん》だ

岐阜県《ぎふけん》は中部地方《ちゅうぶちほう》、滋賀県《しがけん》は近畿地方《きんきちほう》に位置《いち》する県《けん》だな。この二《ふた》つの県《けん》も、農業《のうぎょう》ができない冬《ふゆ》の時期《じき》の副業《ふくぎょう》によって、発展《はってん》を遂《と》げてきた県《けん》だ。

岐阜県《ぎふけん》は、ものづくりの技術《ぎじゅつ》の高《たか》さが、世界《せかい》でも評価《ひょうか》されている。手《て》すき技術《ぎじゅつ》を使《つか》って作《つく》る和紙《わし》、**本美濃紙《ほんみのし》**は、2014年《ねん》にユネスコの**無形文化遺産《むけいぶんかいさん》**の一《ひと》つとして登録《とうろく》されたぞ※（ほかに二《ふた》つの和紙《わし》が同時登録《どうじとうろく》されている）。陶磁器《とうじき》の一《ひと》つである**美濃焼《みのやき》**や、包丁《ほうちょう》やナイフな

どの刃物《はもの》も、日本中《じゅう》で愛用《あいよう》されているんだ。

滋賀県《しがけん》は副業《ふくぎょう》として行商《ぎょうしょう》（ものの売《う》り歩《ある》き）をおこなっていたことで有名《ゆうめい》な県《けん》だ。日本にある大《おお》きな商社《しょうしゃ》のうちのいくつかは、この地域《ちいき》の行商《ぎょうしょう》から生《う》まれた会社《かいしゃ》だぞ。

ちなみに滋賀県《しがけん》には日本一《いち》大《おお》きい湖《みずうみ》・琵琶湖《びわこ》があり、近畿地方《きんきちほう》の水源《すいげん》となっている。水《みず》がよごれていた時期《じき》もあったが、人々《ひとびと》の努力《どりょく》で現在《げんざい》はきれいになったのだ。

※ P97を参照。

45 ここが知《し》りたい！ 都道府県《とどうふけん》 三重県《みえけん》・奈良県《ならけん》

歴史的《れきしてき》な遺跡《いせき》や建物《たてもの》が数多《かずおお》く存在《そんざい》している

三重県《みえけん》には、全国《ぜんこく》約《やく》8万《まん》の神社《じんじゃ》をたばねる、日本を代表《だいひょう》する神社《じんじゃ》の一《ひと》つ、**伊勢神宮《いせじんぐう》**がある。伊勢神宮《いせじんぐう》から和歌山県《わかやまけん》に向《む》かってのびている道《みち》は**熊野古道《くまのこどう》**といって、**紀伊山地《きいさんち》の霊場《れいじょう》と参詣道《さんけいみち》**として世界遺産《せかいいさん》にも登録《とうろく》された道《みち》の一部《いちぶ》だ。また、「忍者《にんじゃ》の里《さと》」とも呼《よ》ばれる伊賀市《いがし》や、鈴鹿市《すずかし》にある日本初《はつ》の国際自動車《こくさいじどうしゃ》レース場《じょう》・鈴鹿《すずか》サーキットなど、老若男女《ろうにゃくなんにょ》が楽《たの》しめる場所《ばしょ》がそろっている県《けん》だな。

奈良県《ならけん》は、その名前《なまえ》からもわかるとおり、**奈良時代《ならじだい》の政治《せいじ》の中心《ちゅうしん》**

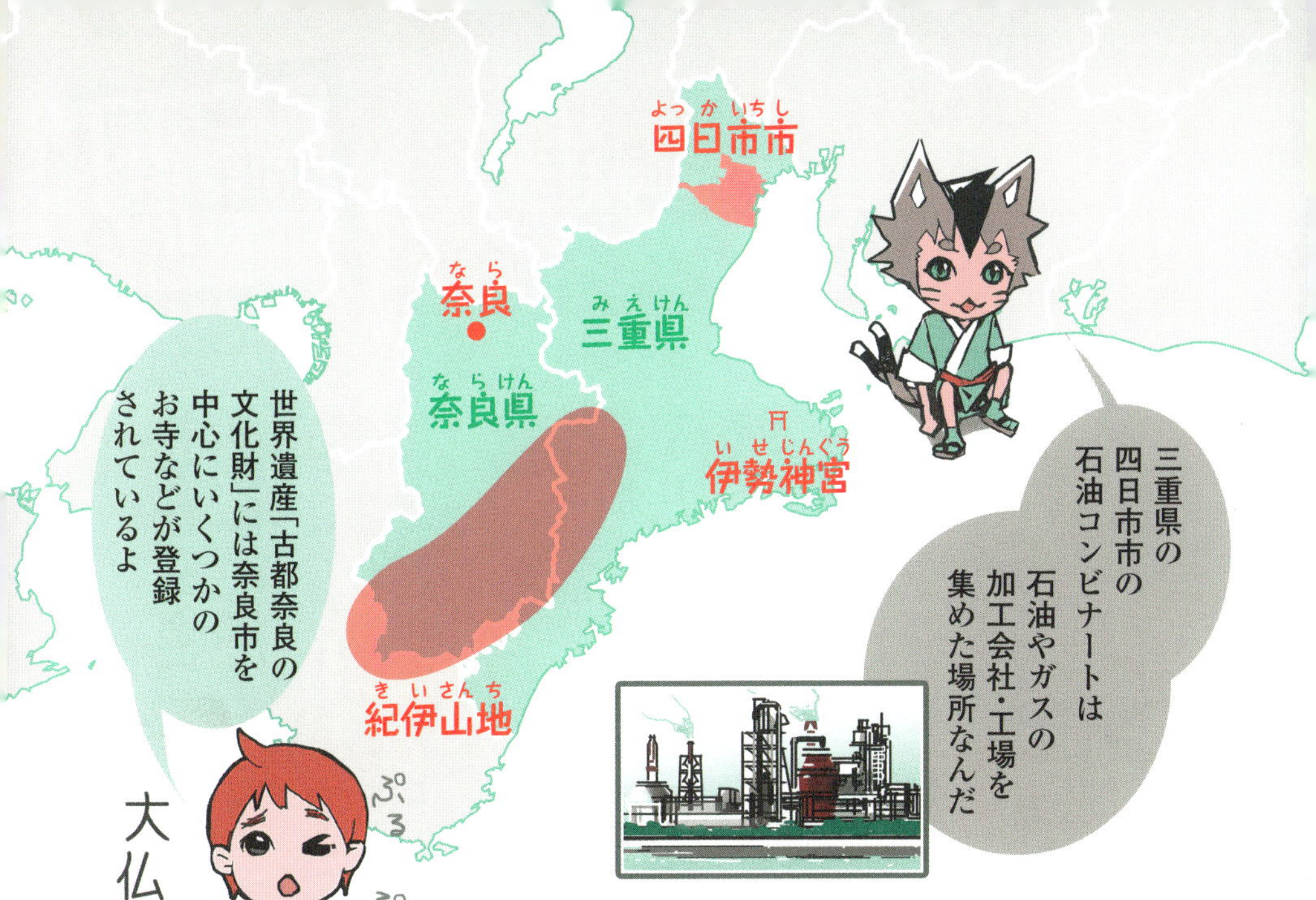
四日市市《よっかいちし》
奈良《なら》
三重県《みえけん》
奈良県《ならけん》
伊勢神宮《いせじんぐう》
紀伊山地《きいさんち》
世界遺産「古都奈良の文化財」には奈良市を中心にいくつかのお寺などが登録されているよ
三重県の四日市市の石油コンビナートは石油やガスの加工会社・工場を集めた場所なんだ

大仏のポーズ
ぷる
ぷる

だった場所《ばしょ》で、たくさんの遺跡《いせき》や古《ふる》い建物《たてもの》が残《のこ》されている。日本に仏教《ぶっきょう》が広《ひろ》まるきっかけとなった場《ば》所《しょ》でもあり、多《おお》くの寺《てら》や美術品《びじゅつひん》が世界遺産《せかいいさん》として登録《とうろく》されているぞ。**東大寺《とうだいじ》の大仏《だいぶつ》**や、**興福寺《こうふくじ》の五重塔《ごじゅうのとう》**など、国宝《こくほう》も多《おお》い。修学旅行《しゅうがくりょこう》の行《い》き先《さき》としても人気《にんき》だ。

三重県には工業の中心地としての働きもあるよ
伊勢神宮からのびる熊野古道の一部は「伊勢路」というらしいわ

ちりことくにおの
取材《しゅざい》メモ 14

そぼくなギモン！
神社《じんじゃ》とお寺《てら》、どうちがう？

神社《じんじゃ》は「神道《しんとう》」
お寺《てら》は「仏教《ぶっきょう》」

日本には神社《じんじゃ》やお寺《てら》がたくさんあるよね。神社《じんじゃ》とお寺《てら》、同《おな》じようなものだと思《おも》ってない？

二《ふた》つは全然《ぜんぜん》ちがうもの！神社《じんじゃ》は、日本にもともとあった宗教《しゅうきょう》である「神道《しんとう》」の建物《たてもの》で、お寺《てら》はインドで生《う》まれた宗教《しゅうきょう》、「仏教《ぶっきょう》」の建物《たてもの》なんだ。まつられている対象《たいしょう》や、建物《たてもの》の役割《やくわり》も異《こと》なるんだよ。

仏教《ぶっきょう》（お寺《てら》）		神道《しんとう》（神社《じんじゃ》）
インド	生《う》まれた国《くに》	日本
お釈迦様《しゃかさま》（ブッダ）、観音様《かんのんさま》など、仏教《ぶっきょう》の教《おし》えに登場《とうじょう》する仏様《ほとけさま》たち	まつられているもの	歴史書《れきししょ》に登場《とうじょう》する神様《かみさま》をはじめ、実在《じつざい》する人物《じんぶつ》や動物《どうぶつ》など、地元《じもと》の人《ひと》に「神《かみ》」とうやまわれている人《ひと》やもの
僧侶《そうりょ》（仏教《ぶっきょう》の修行《しゅぎょう》をしている人《ひと》）	管理《かんり》している・住《す》んでいる人《ひと》たち	宮司《ぐうじ》（神様《かみさま》の前《まえ》で儀式《ぎしき》をするときに責任者《せきにんしゃ》となる人《ひと》）
僧侶《そうりょ》たちが修行《しゅぎょう》をおこなうための場所《ばしょ》	建物《たてもの》が作《つく》られたもともとの目的《もくてき》	形《かたち》のない神様《かみさま》に住《す》んでもらうための場所《ばしょ》

Q お寺《てら》にはお墓《はか》があるのに、神社《じんじゃ》にないのはどうして?

A **神様《かみさま》は「死《し》」をきらうから**

神社《じんじゃ》の神様《かみさま》たちは、死《し》を「けがれ」としてきらうと考《かんが》えられている。一方《いっぽう》、仏教《ぶっきょう》では亡《な》くなった人《ひと》は仏様《ほとけさま》になるとされているのだ。だから、仏様《ほとけさま》をまつるお寺《てら》にだけお墓《はか》があるんだよ。

Q お寺《てら》に仏像《ぶつぞう》があるのに、神社《じんじゃ》に神様《かみさま》の像《ぞう》がないのはなぜ?

A **神様《かみさま》は姿形《すがたかたち》がないから**

神道《しんとう》では、神様《かみさま》は姿形《すがたかたち》をもたず、巨大《きょだい》な木《き》や石《いし》など、力《ちから》がありそうな物体《ぶったい》に「おりてくる存在《そんざい》」だと考《かんが》えられているから。日本の仏教《ぶっきょう》では、仏像《ぶつぞう》を「仏様《ほとけさま》そのもの」と考《かんが》えるから、お寺《てら》には仏像《ぶつぞう》があるんだよ。

お寺《てら》と神社《じんじゃ》 Q&A

知《し》っているようで実《じつ》は知《し》らないギモンを解決《かいけつ》しちゃおう!

Q 神社《じんじゃ》の「鳥居《とりい》」にはどんな意味《いみ》があるの?

A **神様《かみさま》の家《いえ》の「門《もん》」のようなもの!**

「そこから先《さき》は、神様《かみさま》が住《す》む場所《ばしょ》だ」ということを教《おし》える門《もん》のようなものだ。だから、鳥居《とりい》をくぐる前《まえ》には礼《れい》をするのがマナー。また、鳥居《とりい》から社殿《しゃでん》(神様《かみさま》がまつられている建物《たてもの》)へと続《つづ》く道《みち》では、真《ま》ん中《なか》を歩《ある》いてはいけない。そこは神様《かみさま》が通《とお》る道《みち》だからな。

Q ときどき、お寺《てら》と同《おな》じしき地内《ちない》に神社《じんじゃ》があるのはどうして?

A **神道《しんとう》と仏教《ぶっきょう》をいっしょにしようとした時期《じき》のなごりだよ**

奈良時代《ならじだい》から平安時代《へいあんじだい》にかけて、神道《しんとう》と仏教《ぶっきょう》を合体《がったい》させようという運動《うんどう》があったんだ。神社《じんじゃ》とお寺《てら》がいっしょになった建物《たてもの》やしき地《ち》は、そのときできたもの。江戸《えど》から明治頃《めいじごろ》に、神道《しんとう》と仏教《ぶっきょう》を分《わ》けることになり、ほとんどの神社《じんじゃ》とお寺《てら》がバラバラになったけれど、ときどき当時《とうじ》の形《かたち》が残《のこ》されたままの場所《ばしょ》もあるんだよ。

注:答《こた》えは宗派《しゅうは》などによって異《こと》なるため、諸説《しょせつ》あります。

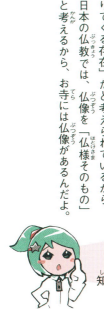

【46】ここが知《し》りたい！ 都道府県《とどうふけん》 和歌山県《わかやまけん》・大阪府《おおさかふ》

「森林《しんりん》」と「大都市《だいとし》」……比《くら》べてみて！

海《うみ》ぞいにとなり合《あ》っている和歌山県《わかやまけん》と大阪府《おおさかふ》。だけど、その特《とく》ちょうはかなり異《こと》なっているんだ。

和歌山県《わかやまけん》は、面積《めんせき》の80％弱《じゃく》が森林《しんりん》で、**林業《りんぎょう》**がさかん。ただし、その多《おお》くが人《ひと》の手《て》で作《つく》られた人工林《じんこうりん》だよ。育《そだ》てた木《き》は**備長炭《びんちょうたん》**や**紀州《きしゅう》たんす**、**紀州漆器《きしゅうしっき》**などに加工《かこう》されているんだ。また、**雨《あめ》が少《すく》なく、水《みず》はけのいい山《やま》の斜面《しゃめん》は、果物作《くだものづく》りに適《てき》している。**この土地《とち》を利用《りよう》して、ミカンやウメ、柿《かき》などが作《つく》られているよ。

阪神工業地帯《はんしんこうぎょうちたい》
大阪府《おおさかふ》
大阪湾《おおさかわん》
和歌山県《わかやまけん》
黒潮《くろしお》
阪神工業地帯はこのあたり覚えておきましょ
魚が多い黒潮の近くではクジラが見られるのだ！

一方《いっぽう》、大阪府《おおさかふ》は関西地方《かんさいちほう》が誇《ほこ》る大都市《だいとし》。大阪市《おおさかし》を中心《ちゅうしん》に、**京阪神《けいはんしん》大都市圏《だいとしけん》**と呼《よ》ばれているよ！　また、大阪湾《おおさかわん》ぞいやその周辺《しゅうへん》には**阪《はん》神工業地帯《しんこうぎょうちたい》**が広《ひろ》がっていて、有名《ゆうめい》な電機《でんき》メーカーの本社《ほんしゃ》や優秀《ゆうしゅう》な中《ちゅう》小企業《しょうきぎょう》がたくさん集《あつ》まっているんだ。まいど1号《ごう》の話《はなし》はさっきもしたよね！（P91をチェックしてね）

おとなりさんなのに特ちょうがちがうなんておもしろい！
和歌山県では魚もとれるみたいね地図を見て！

【47】

ここが知《し》りたい！都道府県《とどうふけん》 兵庫県《ひょうごけん》・京都府《きょうとふ》

「異文化《いぶんか》」と「伝統《でんとう》」がとなり合《あ》っているぞ

となり合《あ》う県《けん》（府《ふ》）だが、外国《がいこく》のような町並《まちな》みの兵庫県《ひょうごけん》の中心地《ちゅうしんち》・神戸《こうべ》と、日本の伝統《でんとう》が残《のこ》る京都府《きょうとふ》では、だいぶ雰囲気《ふんいき》がちがう。明治元年《めいじがんねん》に神戸港《こうべこう》が開《ひら》かれて以来《いらい》、神戸《こうべ》は積極的《せっきょくてき》に外国《がいこく》との貿易《ぼうえき》や交流《こうりゅう》を続《つづ》けてきた。洋館《ようかん》が残《のこ》る**神戸旧居留地**《こうべきゅうきょりゅうち》、中国人《ちゅうごくじん》がくらす**南**《なん》**京町**《きんまち》、**異人館**《いじんかん》などがある国際都市《こくさいとし》だ。あまりに栄《さか》えて土地《とち》が足《た》りなくなったため、六甲山地《ろっこうさんち》をけずった土《つち》で海《うみ》を埋《う》め立《た》て、人《ひと》が生活《せいかつ》するためのポートアイランドや神戸空港《こうべくうこう》がつくられたのだ。

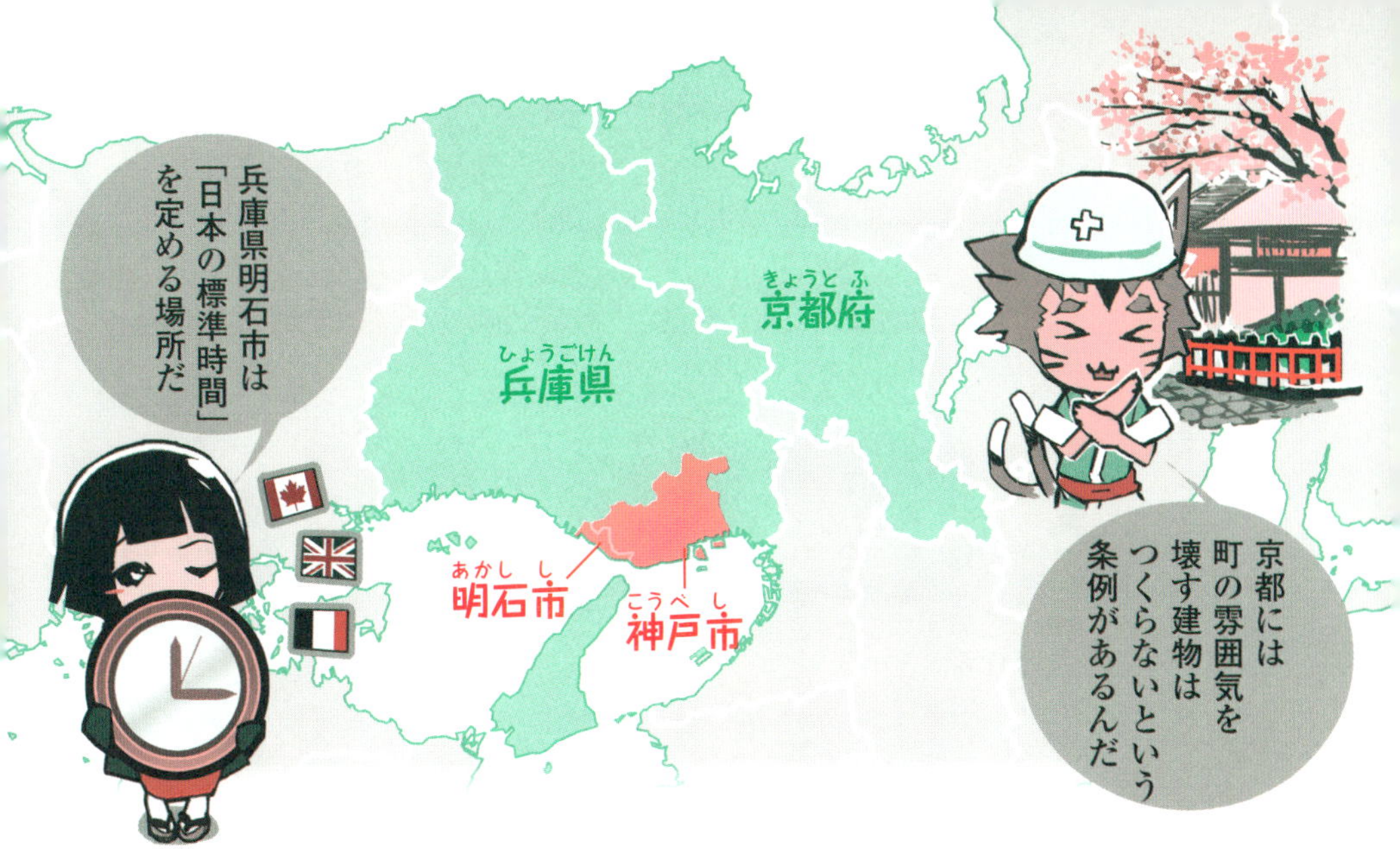
兵庫県明石市は「日本の標準時間」を定める場所だ
京都府《きょうとふ》
兵庫県《ひょうごけん》
明石市《あかしし》
神戸市《こうべし》
京都には町の雰囲気を壊す建物はつくらないという条例があるんだ

一方《いっぽう》、京都府《きょうとふ》は、天皇《てんのう》がくらす都《みやこ》として繁栄《はんえい》していたことから、日本の伝統文化《でんとうぶんか》があちこちに残《のこ》されている。多《おお》くの寺社《じしゃ》や古《ふる》い町並《まちな》みは**古都京都《こときょうと》の文化財《ぶんかざい》**として世界遺産《せかいいさん》にも登録《とうろく》された。唐《とう》（昔《むかし》の中国《ちゅうごく》）の都《みやこ》をモデルにつくられたマス目《め》のような道路《どうろ》や、入《い》り口《ぐち》が狭《せま》く、奥《おく》に長《なが》い**町家《まちや》づくり**と呼《よ》ばれる建物《たてもの》、貴族《きぞく》が好《この》んだ伝統工芸品《でんとうこうげいひん》など……。訪《おとず》れただけでタイムスリップした気《き》持《も》ちになるぞ。

兵庫県は1995年1月の阪神淡路大震災で大きな被害を受けたんだって

それからは災害に強い町づくりをしているそう！

ちりことくにおの
取材《しゅざい》メモ 15

いくつわかるかな？
京都《きょうと》でとれる「京野菜《きょうやさい》」

京野菜《きょうやさい》ってなあに？

京野菜《きょうやさい》とは、京都府《きょうとふ》で生産《せいさん》されている野菜《やさい》の呼《よ》び名《な》。なかでも「※明治時代以前《めいじじだいいぜん》より生産《せいさん》されていること」「京都《きょうと》で生《う》まれた品種《ひんしゅ》であること」「京都独自《きょうとどくじ》の生産技術《せいさんぎじゅつ》を使《つか》っていること」など、いくつかの条件《じょうけん》を満《み》たしているものは、「京《きょう》の伝統野菜《でんとうやさい》」と呼《よ》ばれているよ。最近《さいきん》では、京都府《きょうとふ》が、特《とく》に優《すぐ》れた品質《ひんしつ》の京野菜《きょうやさい》のことを「ブランド京野菜《きょうやさい》」と名《な》づけて、宣伝《せんでん》しているんだ。それではここで、ぼくが選《えら》んだ京野菜《きょうやさい》を紹介《しょうかい》しよう！

※ 異《こと》なる定義《ていぎ》もあります。

エントリーナンバー1

賀茂《かも》なす

ふつうのナスに比《くら》べて、丸《まる》くて大《おお》きいのが特《とく》ちょう。身《み》がしまっているから火《ひ》を通《とお》してもくずれにくいし、歯《は》ごたえもいいよ！

エントリーナンバー2

えびいも

エビみたいな形《かたち》をしているから「えびいも」というんだよ。実《じつ》はサトイモの一種《いっしゅ》！　くずれにくいから煮物《にもの》におすすめ。

エントリーナンバー4

聖護院《しょうごいん》かぶ

ボールのような形《かたち》の、大《おお》きくてどっしりとしたかぶだよ。歯《は》ごたえがいいから、京都《きょうと》の漬《つ》け物《もの》、千枚漬《せんまいづ》けにも使《つか》われているんだ。

エントリーナンバー3

鹿ヶ谷《ししがだに》かぼちゃ

京の伝統野菜 鹿ヶ谷

ひょうたんみたいにくびれた形《かたち》のカボチャ。あっさりした味《あじ》をしているから、中身《なかみ》をくりぬいて肉《にく》などをつめてもおいしいよ。

おもしろーい！
個性的《こせいてき》な形《かたち》をしたものが多《おお》いんだね

エントリーナンバー5

みず菜《な》

京みず菜

細《ほそ》くてシャキシャキとした食感《しょっかん》が楽《たの》しいみず菜《な》。最近《さいきん》では全国《ぜんこく》で売《う》られるようになったよ。苦《にが》みやクセがないのが特《とく》ちょう。

京野菜《きょうやさい》をはじめとした食材《しょくざい》で作《つく》る京都《きょうと》の家庭《かてい》料理《りょうり》を「おばんざい」と呼《よ》ぶんですって

写真：京のふるさと産品協会提供

【48】ここが知《し》りたい！ 都道府県《とどうふけん》
鳥取県《とっとりけん》・岡山県《おかやまけん》

向《む》かい合《あ》う異《こと》なる気候《きこう》の土地《とち》

どちらも気候《きこう》が温暖《おんだん》な県《けん》だが、鳥取県《とっとりけん》は雪《ゆき》が降《ふ》りやすく、岡山県《おかやまけん》は晴《は》れが多《おお》いというちがいがある。

鳥取県《とっとりけん》には、**日本最大級《さいだいきゅう》の砂丘《さきゅう》・鳥取砂丘《とっとりさきゅう》**がある。まわりの土地《とち》も砂《すな》が多《おお》い「砂地《すなじ》」となっており、米作《こめづく》りには向《む》かない。しかし砂地《すなじ》には、**暑《あつ》いときは暖《あたた》かく、寒《さむ》いときは冷《つめ》たくなりやすい**という特《とく》ちょうがあるため、それをいかして**らっきょうや長《なが》いも、スイカ**などを作《つく》っている。また、**二十世紀梨《にじっせいきなし》**の生産量《せいさんりょう》も全国上位《ぜんこくじょうい》だ。

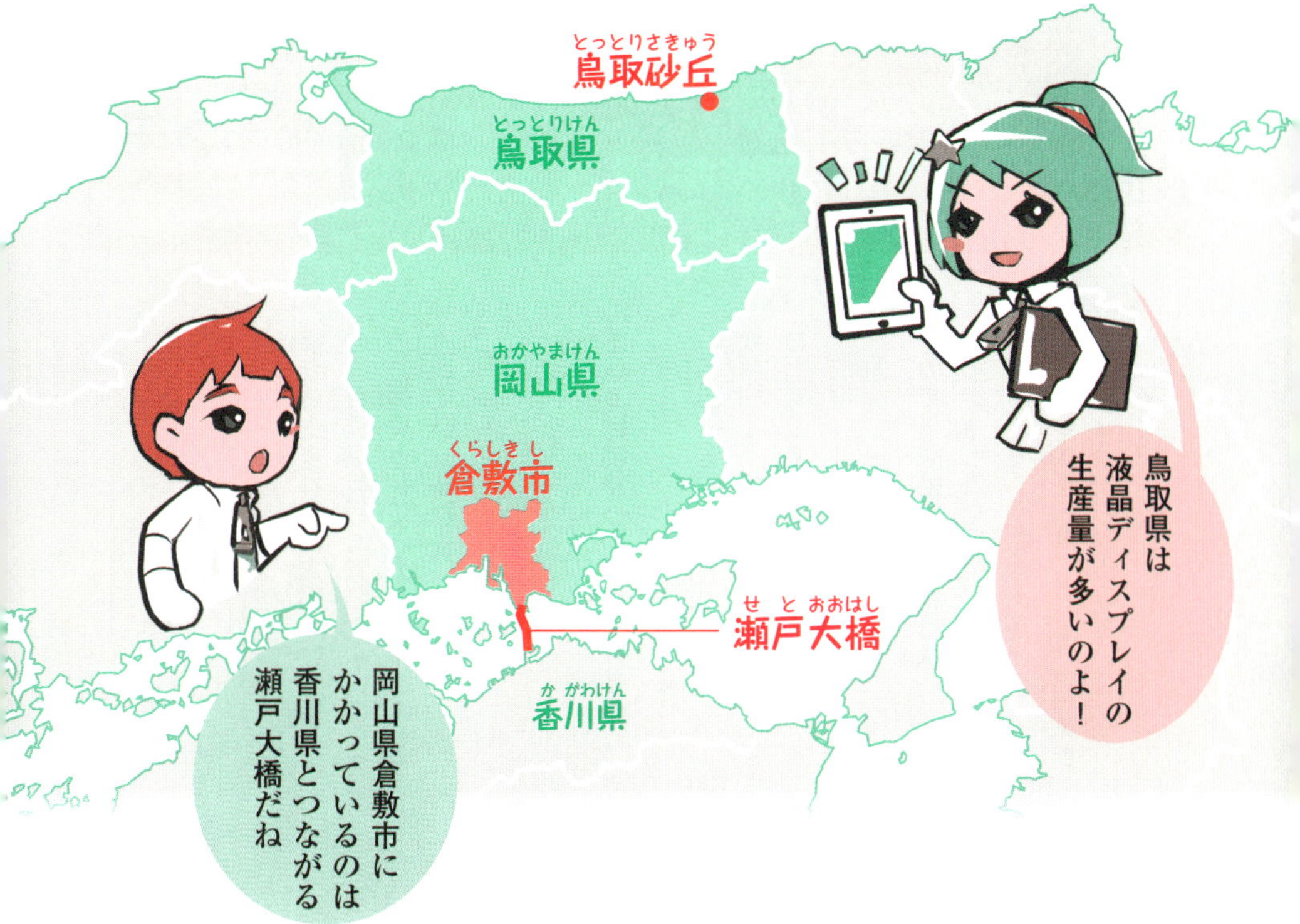
鳥取砂丘《とっとりさきゅう》
鳥取県《とっとりけん》
岡山県《おかやまけん》
倉敷市《くらしきし》
瀬戸大橋《せとおおはし》
香川県《かがわけん》
鳥取県は液晶ディスプレイの生産量が多いのよ！
岡山県倉敷市にかかっているのは香川県とつながる瀬戸大橋だね

岡山県《おかやまけん》は「暖《あたた》かく、雨《あめ》が少《すく》ない」という気候《きこう》が果物作《くだものづく》りにぴったり。**桃《もも》やマスカット**の生産量《せいさんりょう》が多《おお》い。また、倉敷市《くらしきし》の干拓地《かんたくち》※では、塩分《えんぶん》に強《つよ》い綿花《めんか》が作《つく》られていた影響《えいきょう》から、**学生服《がくせいふく》やジーンズ**などの**生産《せいさん》**がさかんだぞ。

鳥取県の境港市は日本海最大級の漁港なんだって！
岡山県の有名人は「桃太郎」？桃と関係があるのかしら？

※ 海や湖の水を堤防でせき止め、水を外へ出して干上がらせた土地。主に農業をおこなう。

"あの人物《じんぶつ》"の生《う》まれ故郷《こきょう》？
岡山《おかやま》・桃太郎伝説《ももたろうでんせつ》を探《さぐ》る！

ちりことくにおの
取材《しゅざい》メモ 16

「桃太郎《ももたろう》」ってだれ？ 人《ひと》の名前《なまえ》？

桃《もも》から生《う》まれた桃太郎《ももたろう》という男《おとこ》の子《こ》が、鬼退治《おにたいじ》に行《い》く物語《ものがたり》だよ。旅《たび》の仲間《なかま》として、犬《いぬ》とサルとキジを連《つ》れていくんだよ。

えっ 地球《ちきゅう》では桃《もも》から人《ひと》が生《う》まれるの!?

物語《ものがたり》だ！ 桃《もも》から人間《にんげん》が生《う》まれたらびっくりするわ！

その有名《ゆうめい》な桃太郎《ももたろう》の物語《ものがたり》は、岡山《おかやま》に残《のこ》された伝説《でんせつ》がもとになっている、っていう話《はなし》があるんだ。でも、みんなが知《し》っている「桃太郎《ももたろう》」とはちょっとちがうみたい。さっそく調《しら》べてみよう！

伝説《でんせつ》1 桃太郎《ももたろう》は、桃《もも》から生《う》まれていなかった！

主人公《しゅじんこう》は、イサセリヒコという皇子《おうじ》。しかし彼《かれ》は、桃《もも》から生《う》まれたわけではありません。

ではなぜ桃太郎《ももたろう》と呼《よ》ばれていたかというと、自分《じぶん》から「自分《じぶん》の守《まも》り神《がみ》は『桃《もも》』だ！」と主張《しゅちょう》していたため。つまり、あだ名《な》のようなものだったのです。

イサセリヒコは、吉備国《きびのくに》（現在《げんざい》の岡山県《おかやまけん》）で鬼《おに》があばれまわっていると聞《き》き、鬼退治《おにたいじ》に出《で》かけます。

一番重要《いちばんじゅうよう》な桃《もも》から生《う》まれるシーンがないなんて！

伝説《でんせつ》2 倒《たお》した鬼《おに》は、実《じつ》は優《やさ》しい鬼《おに》だった!?

イサセリヒコが倒《たお》した鬼《おに》は、うらという名《な》前《まえ》でした。ところがその後《ご》、イサセリヒコはとある里《さと》で、「ぼくはうらに助《たす》けられた」と語《かた》る少年《しょうねん》に出会《であ》います。なんとうらは、里《さと》の人《ひと》のために働《はたら》く、心優《こころやさ》しい鬼《おに》だったのです!

イサセリヒコはうらの代《か》わりに、吉備国《きびのくに》のために働《はたら》くことを決意《けつい》し、「吉備津彦《きびつひこ》」と改名《かいめい》したのでした。

退治《たいじ》する前《まえ》に確《たし》かめれば良《よ》かったのに!

伝説《でんせつ》3 「きびだんご」は「吉備《きび》だんご」?

「桃太郎《ももたろう》」の中《なか》で、育《そだ》ての親《おや》であるおばあさんは、旅《たび》のおともにきびだんごを持《も》たせます。

名前《なまえ》のとおり、キビで作《つく》っただんごだと考《かんが》えられているのですが、実《じつ》はこれ、岡山名物《おかやまめいぶつ》の「吉備《きび》だんご」だったのでは? という説《せつ》もあります。吉備《きび》だんごは餅米《もちごめ》で作《つく》るおかし。

さて、真相《しんそう》はどうだったのでしょう……。

岡山県《おかやまけん》以外《いがい》にも桃太郎伝説《ももたろうでんせつ》が残《のこ》る地域《ちいき》があるよ!

香川県《かがわけん》では、桃太郎《ももたろう》は実《じつ》は女《おんな》の子《こ》だった!という話《はなし》もあるのだ

【49】

ここが知《し》りたい！ 都道府県《とどうふけん》 島根県《しまねけん》・広島県《ひろしまけん》

個性《こせい》のある世界遺産《せかいいさん》にも注目《ちゅうもく》

島根県《しまねけん》の東側《ひがしがわ》にある出雲市《いずもし》は、**日本神話《しんわ》の舞台《ぶたい》**にもなった歴史《れきし》ある地域《ちいき》。農業《のうぎょう》と縁結《えんむす》びの神様《かみさま》がまつられている出雲大社《いずもたいしゃ》には、毎年《まいとし》10月《がつ》になると、日本中《じゅう》から神様《かみさま》が集《あつ》まってくるといわれているよ。**宍《しん》※道湖七珍《じこしっちん》**をはじめとした水産物《すいさんぶつ》がとれる湖《みずうみ》・**宍道湖《しんじこ》**や、かつて銀《ぎん》の採掘《さいくつ》がおこなわれていた**石見銀山《いわみぎんざん》**（世界遺産《せかいいさん》。現在《げんざい》、銀《ぎん》はとれないよ！）など、豊《ゆた》かな自然《しぜん》が残《のこ》されている場所《ばしょ》も多《おお》いんだ。

広島県《ひろしまけん》では、明治時代《めいじじだい》に始《はじ》まった造船業《ぞうせんぎょう》が栄《さか》えたことから、鉄鋼《てっこう》

広島には
140もの島が
あるんですって！
斜面で果物作りを
しているわ
宍道湖《しんじこ》
出雲大社《いずもたいしゃ》
石見銀山《いわみぎんざん》
島根県《しまねけん》
広島県《ひろしまけん》
原爆《げんばく》ドーム
厳島神社《いつくしまじんじゃ》
ぬるり
宍道湖は
汽水湖といって
淡水に海水が
入りこんだ
湖だよ！

業《ぎょう》が発達《はったつ》したよ。瀬戸内海《せとないかい》に面《めん》している県《けん》だから、輸出入《ゆしゅつにゅう》にも向《む》いていたんだね。また、この県《けん》にも、**原爆《げんばく》ドーム**と**厳島神社《いつくしまじんじゃ》**という二《ふた》つの世界遺産《せかいいさん》があるよ。原爆《げんばく》ドームは、くり返《かえ》してはいけない戦争《せんそう》と原爆《げんばく》の記録《きろく》という意味《いみ》で、**負《ふ》の世界遺産《せかいいさん》**とも呼《よ》ばれているんだ。

「神様たちが出かけてしまう」から
10月の別名は神無月。
でも出雲市では、神在月と呼ぶんだって

厳島神社は
満潮のときは社殿や鳥居が
水に浮いているみたいに見えるのよ

※ スズキ、ウナギ、シラウオ、アマサギ（ワカサギ）、コイ、シジミ、ヨシエビ（モロゲエビ）の７種類の水産物のこと。年代によって変化することもあった。

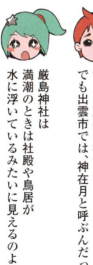

【50】

ここが知《し》りたい！ 都道府県《とどうふけん》 山口県《やまぐちけん》・香川県《かがわけん》

自然《しぜん》に歴史《れきし》に食《た》べ物《もの》……見《み》どころたくさん！

山口県《やまぐちけん》は、本州《ほんしゅう》の西《にし》のはしっこにある県《けん》！　西《にし》には石灰岩《せっかいがん》でできた台地《だいち》、**秋吉台《あきよしだい》**があるよ。石灰岩《せっかいがん》は、半分以上《はんぶんいじょう》が炭酸《たんさん》カルシウムでできた岩《いわ》で、水《みず》に溶《と》けやすいのが特《とく》ちょう。雨《あめ》などで溶《と》けた石灰岩《せっかいがん》は、**くぼ地《ち》**や**鍾乳洞《しょうにゅうどう》**（**秋芳洞《あきよしどう》**）など、いろいろな地形《ちけい》を作《つく》り出《だ》すんだ。これを**カルスト地形《ちけい》**というよ。北《きた》にある萩市《はぎし》には、江戸末期《えどまっき》に活躍《かつやく》した武士《ぶし》・**吉田松陰《よしだしょういん》**が開《ひら》いた**松下村塾《しょうかそんじゅく》**をはじめとする、江戸時《えどじ》代《だい》の史跡《しせき》や文化財《ぶんかざい》が数多《かずおお》く残《のこ》されている。

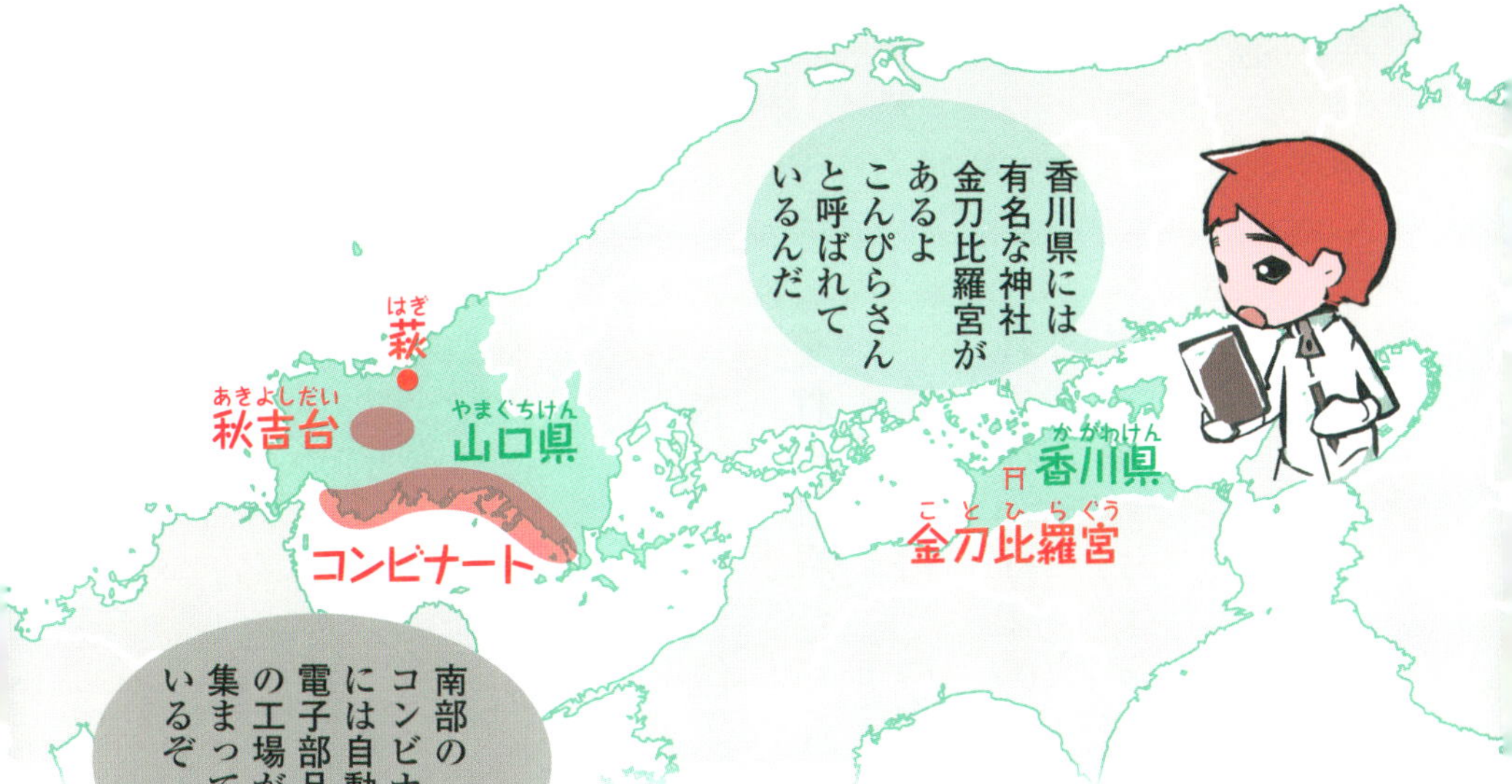
香川県には有名な神社金刀比羅宮があるよ
こんぴらさんと呼ばれているんだ
萩《はぎ》
秋吉台《あきよしだい》
山口県《やまぐちけん》
コンビナート
香川県《かがわけん》
金刀比羅宮《ことひらぐう》

南部のコンビナートには自動車や電子部品などの工場が集まっているぞ

香川県《かがわけん》は、**「うどん県《けん》」**と名乗《なの》るだけあって、コシのある**讃岐《さぬき》うどん**が有名《ゆうめい》な地域《ちいき》！　これは、水不足《みずぶそく》になりやすい香川県《かがわけん》では、夏《なつ》は米《こめ》、冬《ふゆ》は水不足《みずぶそく》に強《つよ》い小麦《こむぎ》を育《そだ》てる**二毛作《にもうさく》**がさかんだったため。うどんの材料《ざいりょう》である小麦《こむぎ》には困《こま》らなかったんだ。ただし現在《げんざい》は、ほとんどの小麦《こむぎ》を輸入《ゆにゅう》にたよっているよ。

山口県には本州と九州(福岡)をつなぐ関門橋があるのよ！

香川県には岡山県とつながる瀬戸大橋があったよね

【51】

ここが知《し》りたい！都道府県《とどうふけん》 徳島県《とくしまけん》・高知県《こうちけん》

海《うみ》が目立《めだ》つ県《けん》かと思《おも》いきや……？

太平洋側《たいへいようがわ》に位置《いち》するこの二《ふた》つの県《けん》は、となり合《あ》ってはいるものの、それぞれ異《こと》なる産業《さんぎょう》を発達《はったつ》させてきた。

徳島県《とくしまけん》は、海面《かいめん》にいくつものうずが見《み》られる**鳴門海峡《なるとかいきょう》**が有名《ゆうめい》だ。流《なが》れの速《はや》いうずのおかげで、身《み》のしまった天然《てんねん》のタイや、歯《は》ごたえのある養殖《ようしょく》のワカメがとれる。藍《あい》という植物《しょくぶつ》から出《で》る色《いろ》を使《つか》った**藍染《あいぞ》め**※1が、「ジャパンブルー」と呼《よ》ばれ、伝統工芸品《でんとうこうげいひん》として親《した》しまれている一方《いっぽう》で、**LED**《エルイーディー》※2技術《ぎじゅつ》の開発《かいはつ》もおこなわれている。

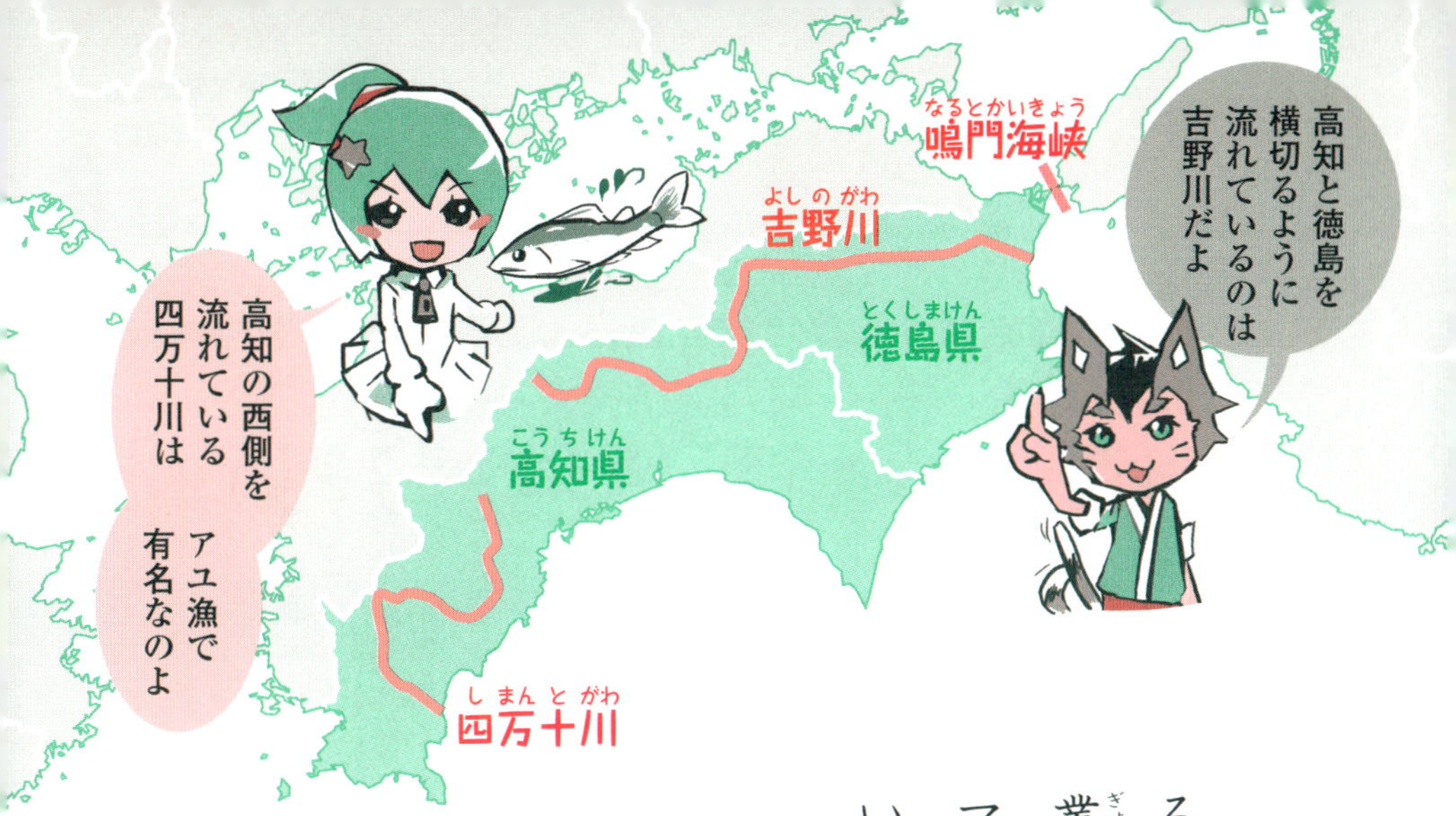

鳴門海峡《なるとかいきょう》
高知と徳島を横切るように流れているのは吉野川だよ
吉野川《よしのがわ》
徳島県《とくしまけん》
高知の西側を流れている四万十川はアユ漁で有名なのよ
高知県《こうちけん》
四万十川《しまんとがわ》

高知県《こうちけん》では、長期間《ちょうきかん》かけて遠《とお》くの海《うみ》に出《で》かける、マグロやカツオの遠洋漁業《えんようぎょぎょう》がさかんだ。農業《のうぎょう》にも強《つよ》い県《けん》で、温暖《おんだん》な気候《きこう》を利用《りよう》し、米《こめ》やピーマン、なすなどを、ほかの地域《ちいき》では収穫《しゅうかく》できない時期《じき》に高値《たかね》で売《う》る**促成栽培《そくせいさいばい》**をしている。また、山《やま》と山《やま》の間《あいだ》にある馬路村《うまじむら》では、特産物《とくさんぶつ》のゆずを加工《かこう》した製品《せいひん》を全国《ぜんこく》で販売《はんばい》するなど、工夫《くふう》が見《み》られるぞ。

徳島も高知も実は80%以上が山なのよね

ほらそれぞれの県に大きな川があるよ!

※1 藍は植物の一種で、藍色は、そこからとれる深い青色のこと。藍で染められた藍色は、洗うほど色があざやかになる。
※2 P54を参照。

ちりこと くにおの 取材《しゅざい》メモ 17

香川県《かがわけん》だけじゃない!?
全国《ぜんこく》うどん自慢《じまん》

香川県《かがわけん》の名物《めいぶつ》に
うどんって
あったじゃない？
おいしそうよね～。
いくらでもおなかに
入《はい》っちゃいそう！
うどんって香川県《かがわけん》でしか
食《た》べられないものなの？

ちがうちがう！
香川県《かがわけん》がうどんで有名《ゆうめい》
なのはたしかだけれど、
日本にはほかにも様々《さまざま》な
うどんがあるんだ。
めんがかたいのや
やわらかいのや
形《かたち》がおもしろいものまで！
有名《ゆうめい》なうどんを
いくつか紹介《しょうかい》するね。

あれも食《た》べたいこれも食《た》べたい！　うどんリスト

秋田県《あきたけん》

稲庭《いなにわ》うどん

生地《きじ》を細長《ほそなが》くのばして休《やす》ませ、のばして休《やす》ませ……をくり返《かえ》して麺《めん》を作《つく》る「手延《ての》べ製法《せいほう》」で作《つく》られる細《ほそ》く平《ひら》たいうどん。ゆでると透明《とうめい》がかった白色《しろいろ》になり、のどごしが良《よ》くなる。

写真：秋田県稲庭うどん協同組合提供

香川県《かがわけん》

讃岐《さぬき》うどん

「うどん県《けん》」が誇《ほこ》るうどん。生地《きじ》を足《あし》で何度《なんど》も踏《ふ》むことで、かんだときに「もちもち」「しこしこ」した歯《は》ごたえが生《う》まれる。また、つるんとしたのどごしの良《よ》さも特《とく》ちょうの一《ひと》つ。

写真：香川県観光協会提供

栃木県《とちぎけん》

耳《みみ》うどん

耳《みみ》のようにくるんと丸《まる》まったうどん。栃木県佐野市《とちぎけんさのし》の仙波町《せんばちょう》では、このうどんを正月《しょうがつ》に食《た》べると、悪《わる》い神様《かみさま》の耳《みみ》を食《た》べる＝悪《わる》い神様《かみさま》に家《いえ》の話《はなし》を聞《き》かれなくなり、魔除《まよ》けになるとされている。

写真：佐野市観光協会提供

愛知県《あいちけん》

きしめん

厚《あつ》さが1mm、はばが7～8mmという薄《うす》く平《ひら》たい形《かたち》のうどん。かむとこしが出《で》るように、ふつうのうどんの半分《はんぶん》ほどの時間《じかん》しかゆでない。汁《しる》には味《あじ》の濃《こ》いたまりしょうゆを使《つか》う。

写真：愛知県きしめん普及委員会提供

富山県《とやまけん》

氷見《ひみ》のうどん

讃岐《さぬき》うどんのように足踏《あしぶ》みをする「手打《てう》ち」の手法《しゅほう》と、稲庭《いなにわ》うどんのように生地《きじ》をのばす「手延《ての》べ」の手法《しゅほう》の両方《りょうほう》を使《つか》ったうどん。細《ほそ》く、こしがあり、江戸時代《えどじだい》のお殿様《とのさま》にも献上《けんじょう》されていた。

写真：氷見市観光協会提供

三重県《みえけん》

伊勢《いせ》うどん

伊勢神宮《いせじんぐう》にお参《まい》りする人《ひと》に手早《てばや》く出《だ》せるように考《かんが》えられた。直径《ちょっけい》1cmほどの太《ふと》さと、長《なが》くゆでてもちもちとやわらかくなった食感《しょっかん》が特《とく》ちょう。たまりしょうゆにだしを加《くわ》えたタレをからめて食《た》べる。

写真：伊勢志摩観光コンベンション機構提供

【52】

ここが知《し》りたい！ 都道府県《とどうふけん》 愛媛県《えひめけん》・大分県《おおいたけん》

土地《とち》の特《とく》ちょうをいかした産業《さんぎょう》がさかん

愛媛県《えひめけん》では、瀬戸内海側《せとないかいがわ》の「雨《あめ》が少《すく》なく」「暖《あたた》かく」「傾斜《けいしゃ》が多《おお》い」という特《とく》ちょうが果物作《くだものづく》りにぴったりなことから、たくさんのかんきつ類《るい》が生産《せいさん》されている。特《とく》に**ミカン**は、和歌山県《わかやまけん》と同《おな》じくらいたくさんの量《りょう》が作《つく》られているぞ。ミカンはそのまま出荷《しゅっか》されるほか、ジュースや缶詰《かんづめ》にも加工《かこう》されている。ほかにも、**製紙業《せいしぎょう》**や**今治市《いまばりし》**の**タオル**など、軽工業《けいこうぎょう》がさかんだ。

さて、ここから九州地方《きゅうしゅうちほう》に入《はい》ろう。

大分県《おおいたけん》は、**別府温泉**《べっぷおんせん》や**湯布院温泉**《ゆふいんおんせん》がある日本有数《ゆうすう》の温泉県《おんせんけん》。わき出《で》るお湯《ゆ》の量《りょう》は日本一《いち》といわれている。温泉《おんせん》は火山《かざん》がもたらすめぐみの一《ひと》つだが、ほかにも地熱《ちねつ》を使《つか》って発電《はつでん》をおこなうなど、火山《かざん》の熱《ねつ》を上手《じょうず》に利用《りよう》しているぞ!

香川県のように、大分県も「おんせん県」としてPR活動をしているのよ

2016年の熊本地震では大分県も大きな被害にあったんだよ

【53】ここが知《し》りたい！都道府県《とどうふけん》 宮崎県《みやざきけん》・鹿児島県《かごしまけん》

水《みず》がたっぷりある宮崎《みやざき》と、水《みず》が少《すく》ない鹿児島《かごしま》

宮崎県《みやざきけん》は、黒潮《くろしお》の影響《えいきょう》で一年中暖《いちねんじゅうあたた》かく、雨《あめ》が多《おお》い地域《ちいき》。だから、植物《しょくぶつ》がすくすく育《そだ》つという特《とく》ちょうがあるんだ！ピーマンやトマト、米《こめ》などをほかの地域《ちいき》より早《はや》く出荷《しゅっか》する**促成栽培《そくせいさいばい》**や、「太陽《たいよう》のタマゴ」というブランド品種《ひんしゅ》にもなった**マンゴー**の生産《せいさん》がおこなわれているよ。スギ林《ばやし》も多《おお》くて、林業《りんぎょう》がさかんなんだ。

一方《いっぽう》、鹿児島県《かごしまけん》は、今《いま》もたびたび噴火《ふんか》している活火山《かっかざん》の**桜島《さくらじま》**が、昔《むかし》、大《おお》きな噴火《ふんか》を起《お》こしたときにできた※**シラス台地《だいち》**で、養分《ようぶん》が少《すく》なく水《みず》

宮崎県の高千穂は「天の岩戸」など神話の舞台だ
ピカ
ピカ
高千穂《たかちほ》
宮崎県《みやざきけん》
鹿児島県《かごしまけん》
桜島《さくらじま》
黒潮《くろしお》

桜島は今も活発に活動しているわ
屋久島《やくしま》
種子島《たねがしま》
奄美大島《あまみおおしま》
鹿児島県にはたくさんの島があるのよ
世界遺産の屋久島も鹿児島県なんだって

がたまりにくい土地《とち》なんだよ。だから鹿児島《かごしま》では、**水《みず》が少《すく》なく暖《あたた》かい場所《ばしょ》を好《この》むサツマイモやお茶《ちゃ》、桜島大《さくらじまだい》根《こん》**などを育《そだ》てているんだ。また、サツマイモをエサにして育《そだ》てる**かごしま黒豚《くろぶた》**も特産品《とくさんひん》の一《ひと》つ！西郷隆盛《さいごうたかもり》も大好《だいす》きだったんだって。

※ P57を参照。

鹿児島県《かごしまけん》は島《しま》だらけ
レッツゴー“島《しま》”探検《たんけん》

ちりことくにおの
取材《しゅざい》メモ
18

鹿児島《かごしま》にはいくつの島《しま》があるの？

本土《ほんど》から離《はな》れた島《しま》の数《かず》は約《やく》600だ。

600!? すごい数《かず》ね！

全部《ぜんぶ》を紹介《しょうかい》するのはさすがに無理《むり》だけど、なかでも大《おお》きな島《しま》や重要《じゅうよう》な役割《やくわり》がある島《しま》をいくつか紹介《しょうかい》しようか？

よろしくお願《ねが》いしまーす!!

宇宙開発《うちゅうかいはつ》の最先端《さいせんたん》
種子島《たねがしま》

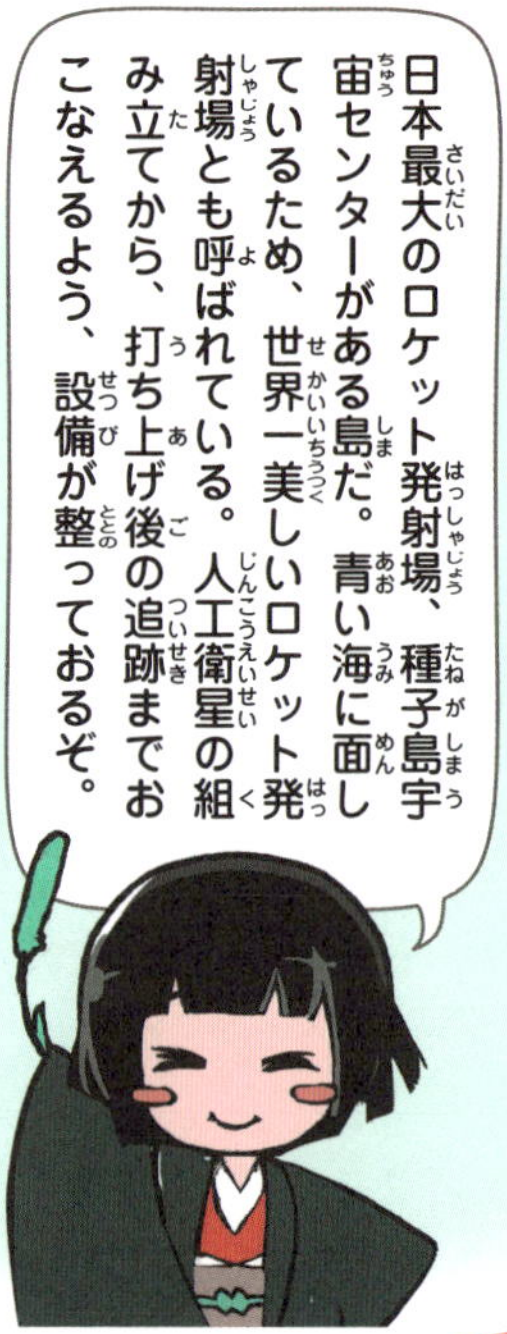

日本最大《さいだい》のロケット発射場《はっしゃじょう》、種子島《たねがしま》宇《う》宙《ちゅう》センターがある島《しま》だ。青《あお》い海《うみ》に面《めん》しているため、世界一美《せかいいちうつく》しいロケット発《はっ》射場《しゃじょう》とも呼《よ》ばれている。人工衛星《じんこうえいせい》の組《く》み立《た》てから、打《う》ち上《あ》げ後《ご》の追跡《ついせき》までおこなえるよう、設備《せつび》が整《ととの》っておるぞ。

見《み》どころ

▶宇宙《うちゅう》センターは一般客《いっぱんきゃく》でも見学可能《けんがくかのう》！

▶日本における鉄砲《てっぽう》の歴史《れきし》がわかる施設《しせつ》もあります。

名物《めいぶつ》

インギー鶏《どり》 イギリスからもらった鶏《にわとり》を代々育《だいだいそだ》てているよ

メモ

種子島《たねがしま》は、ポルトガルから日本で最初《さいしょ》に鉄砲《てっぽう》が伝《つた》わった土地《とち》。織田信長《おだのぶなが》が戦《いくさ》に用《もち》いるなど、日本の歴史《れきし》を変《か》えた場所《ばしょ》です。

海《うみ》とクジラとフルーツの島《しま》！
奄美大島《あまみおおしま》

一年中温暖《いちねんじゅうおんだん》な奄美大島《あまみおおしま》は、青《あお》い海《うみ》と白《しろ》い砂浜《すなはま》が一番《いちばん》の観光《かんこう》スポット。クジラを見《み》るホエールウォッチングや、サーフィンなどのマリンスポーツが楽《たの》しめるよ。マンゴーやパッションフルーツなど、南国《なんごく》の果実栽培《かじつさいばい》がさかん！

見《み》どころ

▶日本で2番目《ばんめ》に大《おお》きいマングローブの原生林《げんせいりん》があるよ！ アマミノクロウサギなど、特別天然記念物《とくべつてんねんきねんぶつ》に指《し》定《てい》された動物《どうぶつ》もたくさん。

名物《めいぶつ》

大島紬《おおしまつむぎ》 絹糸《きぬいと》を奄美大島《あまみおおしま》の泥《どろ》で染《そ》めて作《つく》る高級織物《こうきゅうおりもの》。着物《きもの》にどうぞ！

メモ

江戸時代《えどじだい》まで、奄美大島《あまみおおしま》は日本ではなく、琉球王国《りゅうきゅうおうこく》に属《ぞく》する土地《とち》でした。第二次《だいにじ》世界大戦後《せかいたいせんご》は沖縄《おきなわ》とともにアメリカ領《りょう》だった時期《じき》も。

島全体《しまぜんたい》が世界遺産《せかいいさん》
屋久島《やくしま》

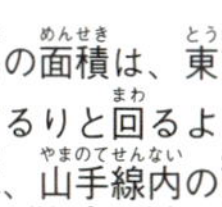

面積《めんせき》の9割《わり》が森林《しんりん》でできている島《しま》だ。中央《ちゅうおう》に九州一高《きゅうしゅういちたか》い山《やま》がある影響《えいきょう》で、同《おな》じ島《しま》の中《なか》でも、場所《ばしょ》によって「暑《あつ》くて雨《あめ》が多《おお》い」「雪《ゆき》が降《ふ》るほど寒《さむ》い」など気候《きこう》が大《おお》きく異《こと》なる。そのためあらゆる自然環境《しぜんかんきょう》が生《う》まれ、その貴重《きちょう》さから世界自然遺産《せかいしぜんいさん》となった。

見《み》どころ

▶樹齢《じゅれい》1000年以上《ねんいじょう》の屋久杉《やくすぎ》が見《み》られるヤクスギランドへ！「縄文杉《じょうもんすぎ》」が有名《ゆうめい》です。

▶時期《じき》によってはウミガメの観察《かんさつ》ができることも。

名物《めいぶつ》

南国《なんごく》フルーツ 奄美大島《あまみおおしま》と同《おな》じく、マンゴー、パッションフルーツ、たんかんなどを栽《さい》培《ばい》。

メモ

屋久島《やくしま》の面積《めんせき》は、東京《とうきょう》23区《く》内《ない》をぐるりと回《まわ》るように走《はし》る電車《でんしゃ》、山手線内《やまのてせんない》の面積《めんせき》の約《やく》8倍《ばい》。人口《じんこう》は約《やく》1万3000人《にん》（2016年現在《ねんげんざい》）で東京都《とうきょうと》の人口《じんこう》の1000分《ぶん》の1以下《いか》。

【54】

ここが知《し》りたい！ 都道府県《とどうふけん》 熊本県《くまもとけん》・福岡県《ふくおかけん》

電子部品《でんしぶひん》を作《つく》り、売《う》るのに適《てき》した環境《かんきょう》が

熊本県《くまもとけん》には、**世界最大級《せかいさいだいきゅう》のカルデラ（火山《かざん》のくぼみ）**をもつ**阿蘇《あそ》山《さん》**がある。阿蘇山《あそさん》に降《ふ》った雨《あめ》はろ過《か》されて地下水《ちかすい》となり、生活用水《せいかつようすい》として使《つか》われるため、「熊本県《くまもとけん》の水《みず》はおいしい！」と評判《ひょうばん》なんだ。きれいな水《みず》を求《もと》めて、コンピューターや食品《しょくひん》、お酒《さけ》の工場《こうじょう》が集《あつ》まってきているぞ。平《たい》らな土地《とち》では、**米《こめ》と、たたみの材料《ざいりょう》になるい草《ぐさ》の二《に》毛作《もうさく》**がおこなわれている。ほかに生産量《せいさんりょう》が多《おお》いのは、スイカだ。

福岡県《ふくおかけん》でも温暖《おんだん》な気候《きこう》を利用《りよう》し、人気《にんき》のいちご・**あまおうやキウ**

おいしい水に
おいしいお米
いいわね…
八幡製鉄所《やはたせいてつしょ》
福岡県《ふくおかけん》
阿蘇山《あそさん》
熊本県《くまもとけん》
八幡製鉄所は
世界遺産の
一部だよ

イフルーツを育《そだ》てている。また北九州《きたきゅうしゅう》では、世《せ》界遺産《かいいさん》の一部《いちぶ》になった**八幡製鉄所《やはたせいてつしょ》**（1901〜1922年《ねん》）が動《うご》いていた頃《ころ》から重化学工業《じゅうかがくこうぎょう》がさかんだった。近《きん》年《ねん》では**シリコンアイランド**という別名《べつめい》で呼《よ》ばれるほど、ハイテク産《さん》業《ぎょう》が発達《はったつ》しているぞ。

熊本県は、2016年の熊本地震で家の倒壊や熊本城の破損など大きな被害を受けたわ

ICはシリコンでできているからシリコンアイランドと呼ぶんだって

【55】

ここが知《し》りたい！ 都道府県《とどうふけん》 佐賀県《さがけん》・長崎県《ながさきけん》

日本が歩《あゆ》んできた歴史《れきし》がわかる県《けん》だね

九州《きゅうしゅう》地方《ちほう》最大《さいだい》の湾《わん》、有明海《ありあけかい》がある佐賀県《さがけん》。有明海《ありあけかい》は、潮《しお》が満《み》ちているときと引《ひ》いているときの差《さ》がおよそ1～6mもあって、干潮《かんちょう》のときには**ムツゴロウ**などの珍《めずら》しい生《い》き物《もの》を見《み》ることができるんだ。**海《の》苔《り》の養殖《ようしょく》**もさかんな場所《ばしょ》だよ！ 人気《にんき》の観光《かんこう》スポットは、日本最大《さいだい》級《きゅう》の弥生時代《やよいじだい》の集落跡《しゅうらくあと》・**吉野ヶ里遺跡《よしのがりいせき》**。弥生時代《やよいじだい》は、日本人《じん》が米《こめ》を作《つく》り始《はじ》めた時代《じだい》で、この地域《ちいき》を中心《ちゅうしん》に、中国《ちゅうごく》や朝鮮半島《ちょうせんはんとう》の文化《ぶんか》や技《ぎ》術《じゅつ》が広《ひろ》まっていったと考《かんが》えられているんだ。

佐賀平野は米どころブランド米もたくさん！
長崎は鎖国時代に伝わってきたビワが特産品だ
対馬《つしま》
吉野ケ里遺跡《よしのがりいせき》
佐賀平野《さがへいや》
佐賀県《さがけん》
五島列島《ごとうれっとう》
長崎県《ながさきけん》
有明海《ありあけかい》
出島《でじま》

長崎県《ながさきけん》は、多《おお》くの島《しま》で成《な》り立《た》っている県《けん》。江戸時代《えどじだい》、外国《がいこく》との交《こう》流《りゅう》が禁止《きんし》されていたとき（**鎖国**《さこく》というよ）も、長崎県《ながさきけん》の**出島**《でじま》という場所《ばしょ》でだけ、**中国**《ちゅうごく》や**オランダ**との貿易《ぼうえき》が許《ゆる》されていた。そのため、現《げん》存《そん》する日本で一番古《いちばんふる》い教会《きょうかい》・**大浦天**《おおうらてん》**主堂**《しゅどう》をはじめとした、外国《がいこく》の空気《くうき》を感《かん》じられる町並《まちな》みがあちこちに残《のこ》されているんだよ。

佐賀県で作られている有田焼には400年の歴史があるのよ！

長崎県は第二次世界大戦中2回目の原爆が落とされた場所でもあるんだ

【56】

ここが知《し》りたい！ 都道府県《とどうふけん》 沖縄県《おきなわけん》

もとは独立《どくりつ》した国《くに》！ 独自《どくじ》の文化《ぶんか》が特《とく》ちょう

きれいな海《うみ》と色《いろ》あざやかな魚《さかな》、１月《がつ》から桜《さくら》が咲《さ》くほどの暖《あたた》かさが特《とく》ちょうの沖縄県《おきなわけん》。もとは**琉球王国《りゅうきゅうおうこく》**という独立《どくりつ》した国《くに》だったんだ。１８７９年《ねん》に沖縄県《おきなわけん》として日本に組《く》みこまれるまでは、**日本、中国《ちゅうごく》、東南《とうなん》アジアと貿易《ぼうえき》をおこない、独自《どくじ》の文化《ぶんか》を築《きず》いていた**んだよ。方言《ほうげん》や食文化《しょくぶんか》はもちろん、独特《どくとく》な音階《おんかい》の民謡《みんよう》、ニシキヘビの皮《かわ》で作《つく》る**三線《さんしん》**という楽器《がっき》、**琉球紅型《りゅうきゅうびんがた》**というあざやかな染《そ》めものなど、沖縄県《おきなわけん》には今《いま》でも、琉球時代《りゅうきゅうじだい》から続《つづ》く伝統《でんとう》が残《のこ》っているんだ。

鹿児島県
沖縄県《おきなわけん》
沖縄島《おきなわじま》
これはヤンバルクイナ！
生息しているよ
めずらしい動物も
エイサーという
ぼんおどりが
あるらしいわ！
楽しそう
与那国島《よなぐにじま》
石垣島《いしがきじま》
西表島《いりおもてじま》
宮古島《みやこじま》

沖縄県《おきなわけん》は第二次世界大戦中《だいにじせかいたいせんちゅう》、**日本で最大《さいだい》の陸地《りくち》での戦《たたか》いがおこなわれた場所《ばしょ》。**戦後《せんご》もアメリカの領地《りょうち》としてあつかわれていて、１９７２年《ねん》にようやく日本への復帰《ふっき》がかなったんだよ。今《いま》でも沖縄県《おきなわけん》にはアメリカの大《おお》きな軍事基地《ぐんじきち》があって、住民《じゅうみん》による反対運動《はんたいうんどう》がたびたび起《お》きているよ。

ニシキヘビは
インドなどからの輸入品！
貿易がさかんだった証拠だね

琉球王国の史跡は
世界遺産にもなっていたわよね

使《つか》ってみよう！
※1 ウチナーグチ（琉球語《りゅうきゅうご》）

※1 沖縄《おきなわ》の人《ひと》が口《くち》で話《はな》すことから、「ウチナー（沖縄《おきなわ》）グチ」といいます。

琉球語《りゅうきゅうご》にも種類《しゅるい》があった！

かつて琉球王国《りゅうきゅうおうこく》で使《つか》われていた言葉《ことば》、つまり沖縄《おきなわ》の方言《ほうげん》を琉球語《りゅうきゅうご》という。琉球王国《りゅうきゅうおうこく》はたくさんの島《しま》が集《あつ》まってできた国《くに》であるため、島《しま》によって外《そと》の国《くに》から受《う》ける影響《えいきょう》が異《こと》なっていた。そのため、琉球語《りゅうきゅうご》は地域《ちいき》によって独自《どくじ》の進化《しんか》を遂《と》げ、いくつかの種類《しゅるい》に分《わ》かれたのだ。同《おな》じ沖縄県《おきなわけん》の人同士《ひとどうし》でも、言葉《ことば》が通《つう》じないことがあるらしい。ここでは主《おも》に、県庁《けんちょう》所在地《しょざいち》がある那覇《なは》などで話《はな》されている言葉《ことば》を教《おし》えよう。

あいさつ編《へん》　まずは声《こえ》をかけてみよう！

別《わか》れぎわには…

ニフェーデービル
（ありがとう）

ンジチャービラ
（さようなら）

出会《であ》ったら…

※2 ハイタイ！
（こんにちは！）

ガンジュー？
（元気《げんき》？）

※2 男性《だんせい》の場合《ばあい》は「ハイサイ」。

感情《かんじょう》編《へん》　自分《じぶん》の気持《きも》ちを伝《つた》えよう！

家族《かぞく》編《へん》　呼《よ》びかけたらびっくりされるかも！

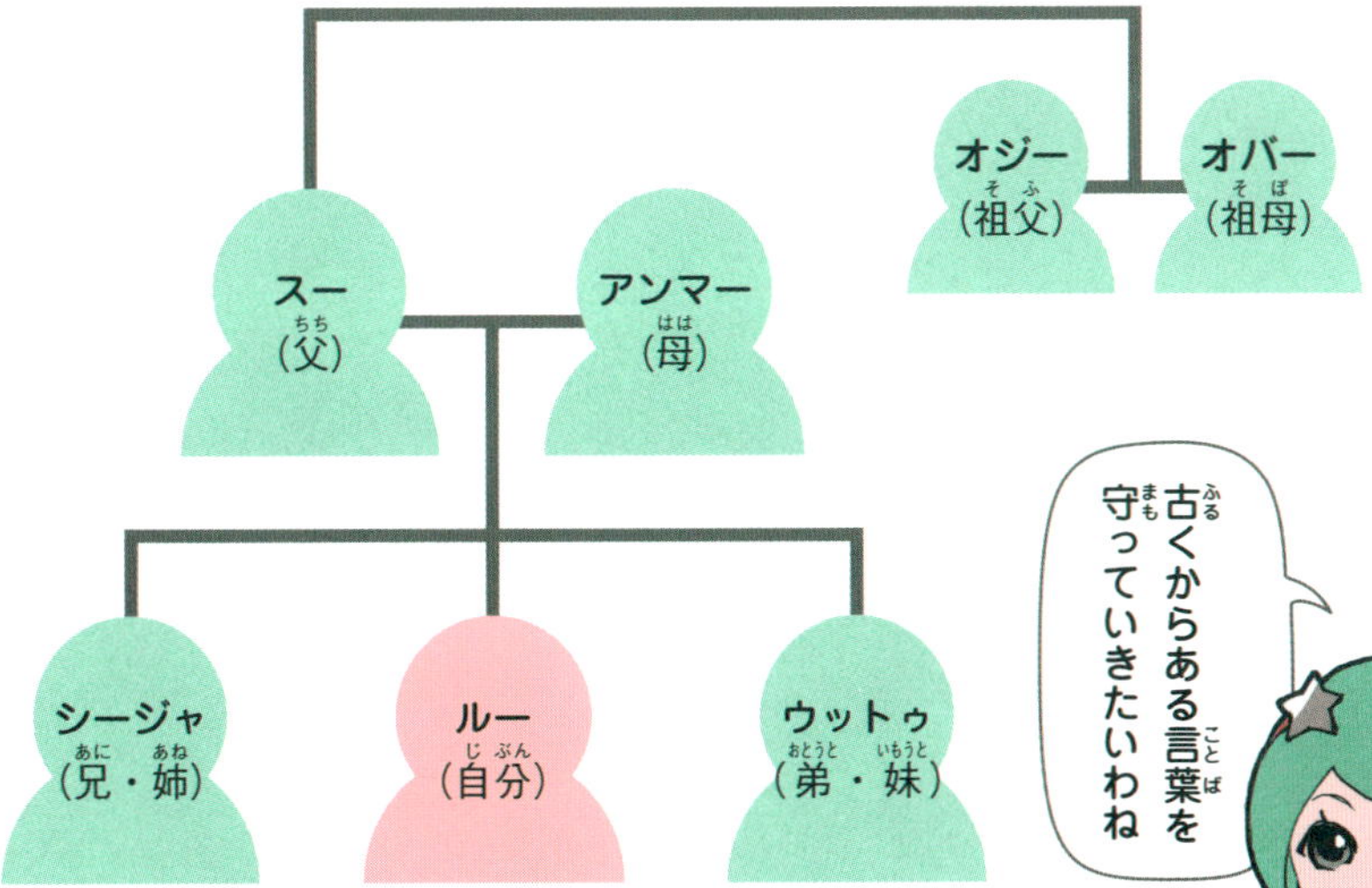

注《ちゅう》：同《おな》じ意味《いみ》で、複数《ふくすう》の言葉《ことば》をもつ単語《たんご》もあります。また、使《つか》う場面《ばめん》や人間関係《にんげんかんけい》によって言葉《ことば》が変《か》わることもあります。

1 形《かたち》で当《あ》てよう！ 都道府県《とどうふけん》

都道府県《とどうふけん》を一《ひと》つずつ切《き》り取《と》ったら、
どれがどの都道府県《とどうふけん》かわからなくなっちゃった！

パズルみたいになっちゃったわね…。
しかたないわ、探《さが》しましょう！

★ミッション！

左《ひだり》ページの〈バラバラになった都道府県《とどうふけん》〉の形《かたち》をよく見《み》て、それぞれの都道府県《とどうふけん》の名前《なまえ》を当《あ》てましょう。下《した》にある〈都道《とどう》府県《ふけん》リスト〉の記号《きごう》で答《こた》えましょう。

都道府県《とどうふけん》リスト

A 宮城県《みやぎけん》	B 群馬県《ぐんまけん》
C 京都府《きょうとふ》	D 愛知県《あいちけん》
E 福井県《ふくいけん》	F 山口県《やまぐちけん》
G 鳥取県《とっとりけん》	H 愛媛県《えひめけん》
I 熊本県《くまもとけん》	J 大分県《おおいたけん》

バラバラになった都道府県《とどうふけん》

あ

い

う

え

お

か

き

く

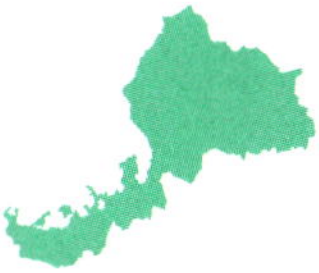

け

こ

答《こた》えは188ページに！

2　特《とく》ちょうで当《あ》てよう！　都道府県《とどうふけん》

今度《こんど》はどうしたの!?
都道府県《とどうふけん》メモがぐちゃぐちゃ！

転《ころ》んじゃって…。
正《ただ》しい組《く》み合《あ》わせに戻《もど》すの手伝《てつだ》って！

★ミッション！

左《ひだり》ページの〈バラバラになったメモ〉をよく読《よ》んで、それぞれの文章《ぶんしょう》が表《あらわ》す都道府県《とどうふけん》の名前《なまえ》を当《あ》てましょう。下《した》にある〈都道府県《とどうふけん》リスト〉の記号《きごう》で答《こた》えましょう。

都道府県《とどうふけん》リスト

a　山形県《やまがたけん》　　b　千葉県《ちばけん》

c　長野県《ながのけん》　　d　滋賀県《しがけん》

e　三重県《みえけん》　　f　香川県《かがわけん》

g　長崎県《ながさきけん》

バラバラになったメモ

ア

全国《ぜんこく》8万《まん》の神社《じんじゃ》をたばねる神社《じんじゃ》や、世界遺産《せかいいさん》の一部《いちぶ》である参拝《さんぱい》のための道《みち》がある。

イ

ふかふかした土《つち》が、果物作《くだものづく》りに適《てき》している。さくらんぼや西洋《せいよう》なしの生産《せいさん》地《ち》として有名《ゆうめい》。

ウ

かつては行商《ぎょうしょう》で栄《さか》えていた。日本一《いち》大《おお》きい湖《みずうみ》があり、周辺《しゅうへん》の水源《すいげん》となっている。

エ

昔《むかし》は米《こめ》と小麦《こむぎ》の二《に》毛作《もうさく》がさかんだった。そのため、現《げん》在《ざい》でもうどんが名《めい》物《ぶつ》。

オ

乗客数《じょうきゃくすう》、飛行機数《ひこうきすう》、行《い》き先《さき》の数《かず》、荷物《にもつ》の量《りょう》など、世界《せかい》の中《なか》でもトップクラスの空港《くうこう》がある。

カ

果樹栽培《かじゅさいばい》がさかん。夏《なつ》でもすずしい気《き》候《こう》であるため、高《こう》原野菜《げんやさい》を首都圏《しゅとけん》などに出荷《しゅっか》している。

キ

日本が外国《がいこく》との交《こう》流《りゅう》を絶《た》っていた時《じ》代《だい》、唯一貿易《ゆいいつぼうえき》をおこなっていた場所《ばしょ》がある県《けん》。

答《こた》えは188ページに！

クイズの答《こた》え

1

あ―B　い―H　う―J　え―A

お―C　か―F　き―D　く―E

け―I　こ―G

2

ア―e　イ―a　ウ―d　エ―f

オ―b　カ―c　キ―g

これでもとどおり！
すごい！
日本をよく
理解しているね

さて、
日本についてはこれで一通《ひととお》り話《はな》し終《お》わったな

二人《ふたり》とも、
ずいぶん日本マスターになったと思《おも》うよ～

最初《さいしょ》は小《ちい》さな国《くに》だと思《おも》ったけれど、
小《ちい》さい中《なか》にいろいろな工夫《くふう》や文化《ぶんか》、産業《さんぎょう》が
ギュッと詰《つ》まっていて、びっくりしたわ！

ホントホント！
食《た》べたいものも行《い》きたい場所《ばしょ》も
たくさんあるよ

もちろん、ここで話《はな》したことが
日本のすべてではない。
ここで興味《きょうみ》をもったことを、
自分《じぶん》なりに深《ふか》く調《しら》べていってほしいな

結果報告《けっかほうこく》も待《ま》ってるよ！

完成
よし！できた！
これできっといいガイドブックができるわ！
ぼく日本が好きになってきたよ
話だけじゃなくていろいろ見て回りたいわ！
つれていって！
しょぼん
それは無理なんだー

えーなんでーー!!
わしらは日本「人」ではないからのう
街には行けないんだよ
え?
それじゃあ気をつけて帰るんだぞ
すぅぅ……
ぎゃあああ!!!
きえた!
ちりことくにおが
日本の妖怪の存在を知るのはもっとあとのこと
日本 妖怪ずかん
ざしきわらし
ねこまた
あ!

監修　竹林和彦（たけばやし・かずひこ）

早稲田実業学校中等部高等部教諭。初等部中高等部連携担当。1967年6月17日生まれ。早稲田大学大学院教育学研究科修了後、駒澤大学大学院人文科学研究科博士課程単位取得満期退学。専門は人文地理学、都市地理学、地理教育。早稲田大学教育学部助手、講師を務めたのち、渋谷教育学園渋谷中学高等学校教諭を経て2015年より早稲田実業学校教諭となる。現在、早稲田大学社会科学部、実践女子大学人間社会科学部でも授業を担当している。趣味は妻と一緒に旅行すること。

編著　朝日小学生新聞

読めばわかる！　日本地理《ちり》

2016年6月30日　初版第1刷発行
2019年4月 1 日　　第6刷発行

イラスト　狛蜜ザキ
発行者　植田幸司
編集　當間光沙
デザイン・DTP　村上史恵　李澤佳子

発行所　朝日学生新聞社
〒104-8433　東京都中央区築地5-3-2　朝日新聞社新館9階
電話　03-3545-5436（出版部）
http://www.asagaku.jp（朝日学生新聞社の出版案内など）

印刷所　株式会社　光邦

ISBN　978-4-907150-72-3